불편한 은혜

불편한 은혜

지은이 | 장승권
펴낸이 | 원성삼
책임편집 | 김지혜
본문 및 표지디자인 | 한영애
펴낸곳 | 예영커뮤니케이션
초판 1쇄 발행 | 2019년 3월 29일
등록일 | 1992년 3월 1일 제2-1349호
주소 | 04018 서울시 마포구 동교로 55 2층(망원동, 남양빌딩)
전화 | (02)766-8931
팩스 | (02)766-8934
홈페이지 | www.jeyoung.com
ISBN 979-11-89887-00-1 (03230)

본 저작물은 저작권법에 의하여 한국 내에서 보호를 받는 저작물이므로
무단 전재와 무단 복제를 금합니다.

값 13,000원

이 도서의 국립중앙도서관 출판예정도서목록(CIP)은 서지정보유통지원시스템 홈페이지
(http://seoji.nl.go.kr)와 국가자료공동목록시스템(http://www.nl.go.kr/kolis-
net)에서 이용하실 수 있습니다.(CIP제어번호: CIP2019009488)

 모든 인간은 하나님의 형상을 닮은 존귀한 존재입니다. 사람은 인종, 민족, 피
부색, 문화, 언어에 관계없이 모두 다 존귀합니다. 예영커뮤니케이션은 이러한
정신에 근거해 모든 인간이 존귀한 삶을 사는 데 필요한 지식과 문화를 예수 그리스도의
사랑으로 보급함으로써 우리가 속한 사회에 기여하고자 합니다.

불편한 은혜 앞에서
당신은 무엇을
선택하시겠습니까?

장승권 지음

불편한 은혜
The uncomfortable Grace

예영 커뮤니케이션

저자 서문

불편한(?) 은혜

한국 교회 성도가 가장 좋아하는 단어를 꼽는다면 단연코 '은혜'일 것입니다. 은혜를 많이 받아야 믿음이 좋은 것으로 여기기도 합니다. 하나님을 향하여 은혜를 주시라고 떼를 쓰며 부르짖기도 합니다.
"모든 것이 하나님의 은혜입니다."
"은혜 되는 대로 하세요!"
"은혜 주세요."
"은혜 받으세요."
"은혜로 봐 주세요."
어떤 경우에는 마땅히 할 말이 없을 때 "하나님의 은혜입니다."라고 말하기도 합니다. 내가 열심히 한 결과라고 말했다가는 자칫 교만한 사람이라고 낙인찍힐까 우려가 되기도 해서입니다. 그런데 목사로서 가장 힘든 일은 바로 '은혜로운(?) 설교'를 하는 것입니다. 설교를 마친 후, "은혜 받았습니다."라는 인사를 받는 것은 쉽지 않습니다. 물론 은혜를 주시는 분은 하나님이시고 목사는 어디까지나 통로로 사용될 뿐입니다. 은혜는 받고자 한다 해서 얻어지는 것이 아닙니다. 아무리 은혜를 받고자 해도 하나님께서 부어 주시지 않으면 받을 수 없습니다. 이것은 하나님의 주권적인 영역이기 때문입니다.

그렇다면 도대체 '은혜'가 무엇입니까?
은혜는 하나님께 가까이 가게 만들며, 하나님 중심으로 살아가게 하며, 예수님 안에서 살아가도록 이끄시는 하나님의 터치입니다. 그러므로 은혜는 하나님이 주시는 모든 방향에서의 사랑의 터치입니다. 은혜에는 나의 노력이나 공로가 조금도 포함되어 있지 않습니다. 나를 죄에서 구원해 주신 예수 그리스도의 십자가의 은혜는 완벽하며 거기에는 나의 티끌 만한 공로도 포함되어 있지 않습니다. 예수 그리스도의 은혜는 순전하며 완전합니다. 하나님의 은혜를 받은 나는 아무런 값을 지불하지 않았지만 예수님께서는 어마어마한 대가를 지불하셨습니다. 바로 십자가에 자신의 몸을 산 제물로 드린 것입니다.
디트리히 본회퍼 목사님은 20세기 나치 정권에서 순교하신 분입니다. 히틀러 암살 작전에 가담했다가 체포되어 교수형을 당했습니다. 본회퍼 목사님이 남긴 말 중에 유명한 말이 "값싼 은혜"라는 말입니다. 본회퍼 목사님은 예수 그리스도의 십자가의 은혜는 창조주 하나님께서 피조물에 의해서 죽임을 당하여 그의 모든 살과 피를 내어 주신 정말 어마어마한 대가를 지불하신 은혜인데 오늘날 교회가 '십자가 앞에서 회개 없는 용서'를 남발하며 그 값비싼 은혜를 싸구려 은혜로 전락시켰다고 했습니다. 오늘날은 회개 없는 용서, 십자가 없는 축복, 번영의 신학, 맘모니즘과 세속주의에 물들어 부와 영광을 차지할 때 그것을 하나님의 은혜라고 여기는 경우가 많습니다.

사업이 잘되면 하나님의 은혜이고 어려움을 당하면 하나님의 은혜와 상관이 없는 것인가? SKY 대학에 합격하면 하나님의 은혜라고 자랑하고 간증을 하고 지방대학에 합격하면 하나님의 은혜와는 멀어진 것이니 쥐죽은 듯 조용히 있어야 하는가? 승진하면 하나님의 은혜이고 승진에서 누락되면 하나님의 은혜가 없는 것인가?

군목시절 진급을 하게 되면 이렇게 말합니다.

"하나님의 은혜입니다."

그때 이런 생각을 했습니다.

"아니 그럼 진급에서 누락된 목사, 진급에서 비선된 기독 간부들은 하나님의 은혜를 받지 못했기 때문인가?"

결코 그렇지 않습니다. 하나님의 은혜는 누구에게나 공평하게 임하며(일반은총), 하나님의 은혜는 사모하는 자에게 특별히 임할 수 있습니다(특별은총). 그러면 진급은 무슨 의미일까? 그것은 '권세나 누림'이 아닌 '또 다른 사명'을 부여 받은 것입니다. 진급하지 못해 군 선교 현장을 떠나는 것은(계급 정년 때문에) 패배나 하나님의 은혜를 받지 못했기 때문이 아니라 하나님이 또 다른 사명을 주시고 또 다른 사역의 현장으로 인도하시는 것입니다. 반면에 진급을 한 목사들은 군 선교에 대한 계속적인 사명을 부여 받는 것입니다.

은혜란 '하나님을 가까이 하게 하는 삶의 모든 것'입니다. 부유할 때 하나님을 몰랐는데 가난해서 하나님을 알게 되었다면 그 가난함이 은혜이고, 건강할 때 예수님을 믿지 않았는데 병들어서 예수님을 믿게 되었다면 그 병듦이 하나님의 은혜라고 고백할 수 있어야 합니다.

보편적으로 그리스도인이 '은혜가 되었다'거나 '은혜를 받았다'고 말할 때는 마음에 상당한 기쁨이나 즐거움이 있을 때입니다. 설교를 듣는 중에 그 말씀이 송이 꿀보다 더 달게 느껴지고 한없는 기쁨이 충만하면 은혜를 받았다고 말할 수 있습니다. 그렇다면 말씀을 듣는 중에 불편함이 계속되었다면 그것은 은혜와는 상관이 없는 것일까요?

어느 권사님이 말씀하십니다.

"목사님! 목사님 설교를 들으면 마음이 불편해요! 그런데 곰곰이 말씀을 되새겨 보면 은혜가 돼요!"

그래서 이렇게 대답했습니다.

"그렇죠? 권사님! 은혜는 편안함도 있지만 불편함이 진정 은혜의 시작이에요!"

정말 은혜 중의 은혜는 하나님의 말씀을 들을 때에 내 마음에 그 말씀이 강력하게 부딪혀 와서 내 본성과 자아가 말씀 앞에 깨질 때, 즉 불편함을 느낄 때가 아닐까요?

예수님이 말씀을 선포하실 때 당시 종교인들은 그 말씀을 불편하게 생각했습니다. 아니 싫어했습니다. 왜냐하면 그들은 율법주의자들이었기 때문입니다. 예수님의 복음을 들었을 때 그 불편함에서 자신의 삶을 그 말씀을 따르는 것으로 돌이켰다면 그들은 가장 큰 은혜를 받은 사람이 되었을 것입니다.

열두 제자를 부르실 때 배와 그물, 자신의 직업과 가족들을 뒤로 하고 예수님을 쫓는 것은 자신뿐만 아니라 가족 그리고 많은 지인들을 불편하게 하는 것이었습니다. 그러나 그 불편함에 머무르지 아니하고 예수님의 길을 쫓았을 때 그들은 하나님의 구원의 역사의 위대한 도구로 쓰임 받게 되었습니다. 이것이 바로 제자들에게 주신 예수님의 '최고의 은혜'였습니다.

사람은 지음 받은 이래로 하나님이 주신 자유를 하나님을 향해 사용하기보다는 자신을 향해 사용하기를 좋아했습니다. 그래서 선악을 알게 하는 나무의 실과를 먹지 말라고 분명히 말씀하셨음에도 따 먹었습니다. 하나님의 말씀이 선포될 때 그 말씀은 나를 편안하게 하는 말씀이 아니라 '불편함'으로 다가옵니다. 그 불편함이 견디기 어려운 사람은 세상의 편안함을 찾아 떠납니다. 그렇지 않은 사람은 편안한 말씀을 찾아서 이리저리 다닙니다.

노아의 홍수 심판 때에도 적어도 하나님의 심판 계획을 노아를 통해서 한 번이라도 들었던 사람들은 엄청 불편했을 것입니다. 아마도 이런 노아를 향해 이런 말을 쏟아 냈을 것입니다.

"쓸데없는 소리하고 자빠졌네! 무슨 심판이야! 심판이 어디 있어?"

구약 선지자들도 하나같이 그들이 외친 메시지로 인하여 왕이 불편해 했고, 거짓 선지자들이 불편했고, 백성이 불편했습니다. 나단 선지자의 메시지는 다윗 왕의 마음을 불편하게 했습니다. 그 불편함이 결국 다윗 왕을 회개에 이르게 하였습니다.

세례요한과 예수 그리스도께서 외치신 첫 번째는 회개의 복음이었습니다.

회개하라 천국이 가까이 왔느니라(마 4:17).

이렇게 회개를 요구받았을 때 유대 백성들은 불편할 수밖에 없었습니다. 천국을 이야기할 때 이 세상에 취해서 사는 성도들에게는 불편한 이야기일 수밖에 없습니다. 그렇습니다. 성경은 불편한 이야기로 가득 차 있습니다. 주님이 주시는 은혜는 바로 그 '불편함' 속에 담겨져 있음을 알아야 합니다. 불편한 것이 불행한 것은 아닙니다.

그 불편함의 뚜껑을 열면 그 안에 생명과 구원으로 인도하는 놀라운 하나님의 은혜가 가득차 있음을 발견하게 됩니다. 불편함은 단순히 불편함으로 끝나는 것이 아니라 그 불편함의 목적이 있고 그 불편함이 가리키는 것이 있습니다. 하나님의 말씀을 듣고, 읽고 묵상하면서 불편해지는 것은 주님의 은혜가 시작되는 출발점이라고 믿습니다.

주님 오시는 그날까지, 주님 앞에 부름 받는 그날까지 하늘의 불편한 메시지를 이 땅에 사는 하늘 백성에게 계속해서 운반할 것입니다. 그것이 제가 받은 사명이기 때문입니다. 이 책을 읽는 모든 이들이 말씀 앞에서 불편을 경험하며 그 불편이 다시 하나님 앞에 바로 서게 하는 거룩한 불편이 되기를 기도하면서 그 불편한 이야기를 시작합니다.

목양실에서
장승권 목사

차례

저자 서문   4

1부 은혜의 진리(The Truth of Grace)

1장 ǀ 구원 받았습니까?	17
2장 ǀ 자유하게 하는 진리	31
3장 ǀ 십자가 1	47
4장 ǀ 십자가 2	55
5장 ǀ 복음의 능력	71
6장 ǀ 예수 이름으로	85
7장 ǀ 나는 죽고 예수로 살고	99

2부 놀라운 은혜(Amazing Grace)

8장 기대하심   109
9장 복음으로 예·잘·성   119
10장 은혜로 소·공·동   129
11장 사랑으로 하모니   139
12장 말을 받은 사람들   151
13장 바람과 불의 역사   161
14장 예수를 잃은 교회   173

3부 은혜의 회복(The Restoration of Grace)

15장 영혼의 레스토랑	185
16장 행복이 열리는 나무	197
17장 신령한 젖을 사모하라	205
18장 풍성함으로의 초대	217
19장 누구의 것인가	229
20장 누가 나를 살리나	239
21장 천국은 있다	249
22장 배제와 포용의 시대	261

은혜의 진리
The Truth of Grace

1장 | 구원 받았습니까?
2장 | 자유하게 하는 진리
3장 | 십자가 1
4장 | 십자가 2
5장 | 복음의 능력
6장 | 예수 이름으로
7장 | 나는 죽고 예수로 살고

1장

구원 받았습니까?

이기는 자는 이와 같이 흰 옷을 입을 것이요 내가 그 이름을 생명책에서 결코 지우지 아니하고 그 이름을 내 아버지 앞과 그의 천사들 앞에서 시인하리라(계 3:5).

구원

"당신은 구원 받았습니까?"

이 질문은 '구원파'가 하는 질문이 아닙니다. 분명한 것은 당신이 구원 받은 그리스도인이라고 한다면 이 질문에 대하여 확신 있는 대답을 해야 합니다. 구원에 대한 질문은 다음과 같이 바꿀 수 있습니다.

"만일 당신이 지금 죽는다면 천국에 갈 것을 확신합니까?"

구원 받으면 죽어도 사는 것이요, 구원 받지 못하면 살아도 죽은 것입니다. 우리가 구원 받으면 그냥 사는 것이 아니라 천국에서 영원히 사는 것이고, 구원 받지 못하면 그냥 죽는 것이 아니라 영원히 지옥에서 고통 받는 가운데 사는 것임을 알아야 합니다. 믿으면 영원한 유익이요, 믿지 못하면 평생 손해, 영원한 손해임을 알아야 합니다. 어떤 사업가가 손해 보는 장사를 하겠습니까? 그런데 정말 억울한 손해가 있습니다. 그것은 평생 신앙생활했는데 마지막에 구원 받지 못하는 사람입니다. 인생은 한 번뿐입니다. 다시는 기회가 없습니다. 돌고 도는 것, 윤회하는 것이 절대로 아닙니다. 윤회사상은 현재에 충실하지 못한 사람들이 다음 생애에 잘 살면 된다고 합리화하는 도구가 될 뿐입니다.

믿음의 지체 된 여러분! '윤회사상'에 속지 마십시오! 우리에게 주어진 삶은 단 한 번뿐입니다. 이것은 부인할 수 없는 사실입니다. 그러므로 이 땅위에서 단 한 번 사는 동안 구원 받지 못하면 다시는 구원의 기회가 주어지지 않습니다. 따라서 이 세상에 사는 동안 반드시 구원 받아야 합니다. 그러나 매 주일 교회에 출석하는 교인들의 심각한 문제는 바로 '내가 정말 구원 받은 사람인가?'라는 질문에 확신 있는 대답을 못한다는 사실입니다.

그래서 꼭 하고 싶은 질문은 이것입니다.

"당신은 구원 받았습니까?"

"구원 받았다면 그 근거는 무엇입니까?"

구원 받음에 대한 증거는 단지 내 자신 안의 확신뿐만이 아니라 하나님의 말씀, 곧 성경에 근거해야 합니다. 우리가 예수 그리스도를 '주님(The Lord)'이라고 부르는 것은 거룩하신 하나님의 영이 함께 하고 있다는 증거입니다.

> 그러므로 내가 너희에게 알리노니 하나님의 영으로 말하는 자는 누구든지 예수를 저주할 자라 하지 아니하고 또 성령으로 아니하고는 누구든지 예수를 주시라 할 수 없느니라(고전 12:3).

> 네가 만일 네 입으로 예수를 주로 시인하며 또 하나님께서 그를 죽은 자 가운데서 살리신 것을 네 마음에 믿으면 구원을 받으리라 사람이 마음으로 믿어 의에 이르고 입으로 시인하여 구원에 이르느니라(롬 10:9-10).

우리가 예수 그리스도를 주로 시인한다는 사실은 구원 받음의 매우 확실하고 객관적인 증거입니다. 주로 시인하는 것은 마음에 확실히 믿기 때문입니다. 그렇다면 우리는 왜 예수 그리스도를 믿습니까? '구원 받기 위해서'입니다.

> 믿음의 결국 곧 영혼의 구원을 받음이라(벧전 1:9).

우리가 예수님을 믿는 이유는 결국 우리의 영혼이 이 세상 가운데서 '구원 받기' 위함입니다. 구원 받지 못하는 믿음, 구원에 이르지 못하는 믿음은 아무 소용이 없습니다. 우리의 믿음이 아무리 세상에서 멋있어 보여도 구원에 이르지 못하는 믿음은 헛된 믿음일 뿐입니다. 그리스도인의 구원은 현재완료형인 동시에 미래진행형입니다. 이것을 신학적인 용어로 'already-not yet(이미 - 아직은)'이라고 합니다. 우리는 주님을 믿음으로 이미 구원 받았지만 아직 그 구원이 완성된 것이 아니라는 뜻입니다. 우리의 믿음이 완성되는 곳, 우리의 구원이 완성되는 곳은 바로 하나님의 나라에 이르렀을 때입니다.

2011년 1월, 삼호 주얼리호가 소말리아 해적에게 납치되자 아덴만에서 해군특수부대가 진압하여 선원들이 19일 만에 우리나라로 돌아왔습니다. 납치된 선원들은 죽음의 공포에서 벗어나 해군특수부대로부터 구출되는 순간 구원 받은 것이지만 온전한 구원은 가족들의 품안에 돌아왔을 때 이루어졌습니다. 이 땅에서 구원 받았지만 우리가 하나님 앞에 서는 날 비로소 구원이 온전히 이루어지는 것입니다.

구원파 이단

구원에 대해 이야기하면 소위 '구원파' 이단은 이렇게 질문합니다. "언제 구원 받았습니까? 몇 날 몇 시에 구원 받았습니까?"

이런 질문에 혹자는 당황하기도 하고, 언제 구원 받았는지에 대한 정확한 대답을 하지 못하면 구원 받지 못한 것처럼 호도하고 나아가 기존 교회에는 구원이 없는 것처럼 거짓말하며 구원파 교리를 따르게 유도합니다. 그래서 제가 이런 질문을 올려 봅니다.

"혹시 자신이 태어난 날의 시간을 정확히 기억하십니까?"

갓난아이가 자신이 태어난 시간을 깨닫고 기억할 수 있습니까? 그것은 부모님들이 알려 주는 것입니다. 부모에 따라 기억할 수도 있고 못할 수도 있습니다. 자신이 태어난 날도 스스로 아는 것이 아니라 부모의 증언과 기록에 의하여 아는 것뿐입니다. 그런데 자신이 태어난 날과 시간보다 더 중요한 것이 있습니다. 그것은 내가 이 땅에 태어나서 살고 있다는 것입니다.

저는 자전거를 탈 줄 압니다. 언제부터 타는지 정확히 기억이 안 나지만 아마 초등학교 5학년 때부터인 것 같습니다. 며칠 몇 시부터 자전거를 타게 되었는지는 기억나지 않습니다. 그러나 중요한 것은 제가 자전거를 탈 줄 안다는 사실입니다. 그러므로 몇 날 몇 시에 구원 받았는지 알지 못하고, 기억하지 못하면 구원 받지 못한 것이라는 주장에 속지 말아야 합니다.

죽은 믿음

요한계시록 3장은 주께서 사데 교회를 향하여 하신 말씀입니다. 주님은 자신들이 구원 받았다고 믿는 사데 교회 성도를 향해 이렇게 말씀하십니다.

> 사데 교회의 사자에게 편지하라 하나님의 일곱 영과 일곱 별을 가지신 이가 이르시되 내가 네 행위를 아노니 네가 살았다 하는 이름은 가졌으나 죽은 자로다(계 3:1).

살았다는 것입니까? 죽었다는 것입니까? 죽었다는 것입니다. You are dead! 즉 구원을 받지 못했다는 것입니다. 사데 교회 안에 구원 받지 못한 자들이 있다는 것입니다. 서로를 볼 때는 다 살아 있고, 다 구원 받은 것 같지만 실상은 구원 받지 못한 교인이 있다는 것입니다. 입으로는 구원 받은 것 같았는데 행위를 보면 구원 받은 사람의 모습이 없었습니다. 그래서 "행위의 온전한 것을 찾지 못했다(계 3:2)."고 말씀하십니다. 사데 교회를 향해 어떻게 복음을 받고 들었는지 생각하고 회개하라고 말씀하십니다. 불행하게도 사데 교회에는 산자보다 죽은 자, 구원 받은 성도보다 구원 받지 못한 교인이 더 많았습니다.

> 그러나 사데에 그 옷을 더럽히지 아니한 자 몇 명이 네게 있어 흰 옷을 입고 나와 함께 다니리니 그들은 합당한 자인 연고라(계 3:4).

옷을 더럽히지 아니한 자 몇 명은 바로 복음에 합당한 자, 믿는 일과 행하는 일에 한 가지인 성도를 말합니다. 사데 교회의 영적 현실은 성도는 많지만 정작 '구원 받은 자의 수'는 "몇 명"에 불과했습니다. 이러한 사정은 오늘 한국 교회의 현실과 크게 다르지 아니할 것입니다. 교회에 다니고 예수님을 믿는다고 하지만 죽은 자가 산 자보다 더 많을 수 있다는 것입니다. 그러면 왜 사데 교회에는 산 자보다 죽은 자가 더 많았을까요? 대답은 간단합니다. 그것은 교회가 구원 받음의 진리에 대하여 가르쳐 주지 않았기 때문입니다. 사데 교회에서 구원 받음에 대하여 가르쳐 주지 않았기 때문입니다.

암흑시대

기독교 역사 속에서 구원 받음에 대한 이해 부족으로 기독교가 타락한 때가 바로 '중세시대'입니다. 이 시기를 '암흑시대(Dark age)'라고 부릅니다. 왜 그렇게 부릅니까? 문화가 암흑이 된 것이 아니라 바로 영성이 암흑이 되어 버렸기 때문입니다. 왜 영성이 암흑이었습니까? 중세 교회가 교인들에게 성경을 가르치지 않았기 때문입니다. 사제들이 하나님의 말씀을 신자에게 제대로 들려주지 않았습니다. 왜냐하면 자신부터 하나님의 말씀에서 멀어져 있었기 때문입니다.

구원 받음이 무엇인지 가르치지 않았기 때문에 교회는 자연히 타락의 길을 걸어갈 수밖에 없었습니다. 교회는 구원을 경시했고, 교인들은 구원으로부터 멀어졌습니다. 사제들은 권력과 명예와 돈에 눈이 어두

워졌습니다. 교황은 황제와의 힘겨루기에서 황제를 굴복시키기도 했습니다. 때로는 황제가 교황과의 싸움에서 로마 교회와 단절하고 스스로 교회의 수장이 되었습니다. 그렇게 생겨난 교회가 '영국성공회(England Church)'입니다. 중세 교회는 하나님의 말씀을 가르치는 것을 포기한 대신 성례와 제도를 중시했습니다. 하나님의 말씀 대신 사람이 만든 제도를 더 중시했습니다. 교회 출석하고, 세례 받고, 직분 받고, 봉사하고, 헌금 내면 구원 받는 줄 알았습니다. 교인들은 맹목적으로 사제를 따르고, 교회의 권위를 따랐습니다. 신앙의 모습은 있었지만 진정한 구원의 의미를 몰랐습니다. 경건의 모양은 있었지만 경건의 능력은 소유하지 못했습니다.

교회에서 구원에 이르는 믿음, 구원의 길, 구원의 진리를 가르쳐 주지 않는데 어찌 알 수가 있겠습니까? 그렇다면 오늘날의 교회는 어떻습니까? 교회가 구원의 도를 가르치는 데 인색합니다. 전부 그렇다고 할 수는 없겠지만 '구원에 이르는 믿음'을 선포하는 데에는 여전히 부족합니다.

무엇이 구원 받음인지, 구원 받는 믿음이 무엇인지, 구원이 어떻게 시작되고 어떻게 성취되는지 들려주지 않습니다. 어떤 사역자는 '구원에 대한 이야기'는 다 아는 것이기 때문에 하지 않아도 된다고 생각합니다. 나는 구원 받은 사람이기 때문에 구원 받음에 대한 감격과 감동을 날마다 새롭게 하며 감사하기보다는 성경을 좀 더 해석하는 것이 보다 더 중요하다고 생각합니다.

그래서 고리타분한 '개인적 구원'보다는 '교회의 사회적 책임'을 더 강조하는 목회자가 훌륭해 보이고, 성도도 그렇게 해야 교회가 사회로부터 비난받지 아니하고 많은 사람이 교회로 몰려올 것이라고 말합니다. 이것이 바로 '착각 중의 착각이요, 거짓 중의 가장 악한 거짓'입니다. 교회가 물론 사회적 책임을 감당해야 합니다. 그러나 교회는 일차적으로 사회적 봉사기관으로서 책임을 감당하기 위해 존재하는 것이 아니라 영혼 구원을 감당하기 위하여 주께서 피로 값 주고 세우신 곳입니다.

사회적 책임(Social Responsibility)이란 '구원 받음에 합당한 삶의 태도로 나타나는 것'입니다. 적어도 제가 아는 범위에서 교회가 사회적 책임을 잘 감당하여 교회에 다니게 되었다는 소리를 들어보지 못했습니다. 우리나라 사회봉사 시설의 70%를 한국 교회가 감당하고 있습니다. 참 잘하는 일이며 앞으로 더 많은 책임을 감당해야 한다고 생각합니다. 하지만 그것은 예수 그리스도의 구원의 복음을 선포하고 복음을 들을 때 시작되는 것임을 분명히 알아야 합니다.

구원은 믿음으로 말미암아 받습니다. 여기서 믿음은 오직 예수 그리스도에 대한 믿음을 가리킵니다.

> 다른 이로써는 구원을 받을 수 없나니 천하 사람 중에 구원을 받을 만한 다른 이름을 우리에게 주신 일이 없음이라 하였더라(행 4:12).

그러나 놀라지 마시기 바랍니다. 내 믿음이 나를 구원하는 것이 아닙니다. 구원은 내 믿음의 힘이 아니라 예수 그리스도의 능력으로 받는 것입니다. 그 구원이 아주 작은 내 믿음이란 관을 통해서 오기 때문에 믿음이 필요한 것입니다.

몇 해 전 칠레의 광부이 지하 광산에 갇혔을 때 먼저 작은 파이프를 통해 산소를 공급받고, 후에는 작은 캡슐에 실려 구출된 것처럼 우리 믿음은 바로 하나님의 구원을 이루시는 도구로 사용되는 것입니다.

믿음의 수도관

하나님의 구원은 나의 믿음 때문이 아니라 믿음을 통하여(through) 받는 것입니다. 마치 수돗물이 수도꼭지에서 나오지만 수도꼭지가 물을 만들어 내는 것이 아니라 수도꼭지나 수도관은 단지 통로일 뿐인 것처럼 주님은 우리의 겨자씨보다 작은 '믿음이라는 관'을 통해 우리에게 하늘의 구원을 보내 주시는 것입니다.

하나님의 구원은 우리의 '믿음이란 관'을 통해서 오는 것입니다. 그래서 주님은 겨자씨 한 알만 한 믿음이 있으면 뽕나무더러 뿌리가 뽑혀 바다에 심기라고 하면 그대로 된다고 하신 것입니다(눅 17:6). 주님은 우리의 겨자씨 한 알만 한 믿음! 그 작은 것을 통하여 구원이라는 생명수를 흘려주신다는 것입니다. 그러므로 겨자씨 한 알만 한 믿음! 그 믿음을 달라고 기도해야 할 것입니다. 또한 믿음은 들음에서 난다고 했으니 부지런히 하나님의 말씀을 사모해야 할 것입니다. 사람은 어떤 노력을 할지라도 스스로 구원에 이를 수 없습니다. 그래서 하나님께서 주신 구원의 방법이 바로 이것입니다.

너희는 그 은혜에 의하여 믿음으로 말미암아 구원을 받았으니 이것은 너희에게서 난 것이 아니요 하나님의 선물이라(엡 2:8).

만일 누군가로부터 선물을 받았는데 그 선물에 내 돈이 100원이라도 들어갔으면 그것은 선물이라고 할 수 없습니다. 선물은 100% 공짜인 것을 말합니다. 성경은 구원을 '하나님의 선물'이라고 말씀하고 있습니다. 즉 구원을 얻는데 내 노력이 들어갈 것이 없다는 것입니다. 이 구원이야말로 내가 이 세상에서 받을 수 있는 최고, 최대의 선입니다. 그러나 많은 사람은 구원을 공짜로 받기를 어려워합니다. 공짜로 구원얻는 것을 '염치없다'고 생각합니다. 그래서 구원을 얻기 위하여 내가 무슨 노력을 해야 할 것 같습니다. 왜냐하면 그것이 더 속 편하기 때문입니다.

또 구원을 얻는데 무슨 성취감 같은 것도 느낄 수 있기 때문입니다. 그러나 중요한 것은 구원은 실제적으로 얻는 것이지, 내가 느끼는 성취감에 달려 있지 않다는 사실입니다. 부모와 자식 사이에 '체면'이나 '염치'가 개입될 필요가 없습니다. 부모의 사랑은 '내리사랑'이요, '다함이 없는 사랑'인 것처럼 우리 하나님은 아버지 되신 분이십니다. 아버지되신 하나님 앞에 체면을 차릴 이유가 없고, 내 개인적 노력이 필요가 없습니다. 하나님이 우리에게 구원을 선물로 주시는 이유는 바로 우리가 하나님의 자녀이기 때문이지 다른 이유는 없습니다.

구원에 이르는 믿음

예수님은 이 땅에 재림하실 때에 모습을 이렇게 말씀하셨습니다.

> 내가 너희에게 이르노니 속히 그 원한을 풀어 주시리라 그러나 인자가 올 때에 세상에서 믿음을 보겠느냐 하시니라(눅 18:8).

즉 '구원에 이르는 믿음을 가진 자가 적을 것이다'라는 말씀입니다. 그러면 구원에 이르는 믿음이란 무엇을 말하는 것일까요?

첫째, 예수 그리스도가 구세주 되심을 지적으로 동의하는 것입니다. 하나님의 말씀을 통하여 하나님께서 행하신 일을 알 때 믿음이 생깁니다. 하나님이 행하신 일이 무엇입니까? 말씀으로 천지를 창조하시고, 육신으로 이 세상에 오시고, 십자가에서 죽으시고, 부활하시고 승천하셨다는 이 역사적 사실에 동의하는 것입니다. 어떤 것이 참인지 거짓인지 분별하지 않고 무조건 따르는 것은 믿음이 아니라 맹신입니다. 내가 섬기는 대상이 참 하나님인지 아니면 가짜인지를 구분하지 않고 무조건 믿으면 맹신이요, 그것이 도를 넘으면 광신이 되는 것입니다. 구원에 이르는 믿음이란 예수 그리스도가 자신의 구원자인 것을 알고 삶의 주인으로 받아들이는 것입니다.

둘째, 예수 그리스도에 대한 깊은 신뢰가 있어야 합니다. 신뢰란 것은 '서로의 등을 기대는 것'을 말합니다. 믿음은 '하나님께 내 전 생애를 기대는 것'을 말합니다. 예수 그리스도에 대한 전폭적인 신뢰가 바로 구원에 이르게 합니다.

셋째, 예수 그리스도를 일평생 따르는 것입니다.

> 이에 예수께서 제자들에게 이르시되 누구든지 나를 따라오려거든 자기를 부인하고 자기 십자가를 지고 나를 따를 것이니라(마 16:24).

예수님을 믿는다고 하면서 예수님을 삶에서 따르지 않는다면 거짓 믿음일 수밖에 없습니다. 구원 받은 사람이라면 마땅히 자기를 부인하고 자기의 십자가를 지고 예수 그리스도의 십자가의 길을 따라 가야 합니다.

이 시대를 '불확실성의 시대'라고 말합니다. 우리가 아는 것은 미래가 불확실하다는 것입니다. 삶에 대한 불확실성은 우리를 불안하고 두렵게 만듭니다. 세계 도처에서 계속되는 지진과 홍수, 가뭄, 전쟁과 테러는 우리의 삶을 위협합니다. 이처럼 불확실한 시대에 내일 일어날 일을 알고 살아가는 사람은 이 지구상에 아무도 없습니다. 그렇지만 그리스도인은 믿음으로 하루하루를 살아갑니다. 그 불확실성의 시대에서 승리하는 확실한 비법이 있다면 그것은 바로 오늘 '구원 받은 사람으로 살아가는 것'입니다. 당신이 구원 받은 사람으로, 아니 구원 받음에 대한 감격으로 매일매일 승리하는 삶을 살아가기를 축복합니다.

> 생명으로 인도하는 문은 좁고 길이 협착하여 찾는 자가 적음이라 (마 7:14).

2장

자유하게 하는 진리

진리를 알지니 진리가 너희를 자유롭게 하리라(요 8:32).

복 주세요

사람들은 복을 좋아합니다. 복을 싫어하는 사람은 없습니다. 그래서 예전 밥상에도 복(福) 자가, 숟가락에도 복 자가, 대문에도 복 자가 쓰여 있었고, 복주머니를 달고 다니기도 했습니다. 그래서 사람들은 항상 복을 구합니다. 저는 교회의 아이들을 만나면 머리를 쓰다듬으며 이렇게 축복합니다.

"God bless you! all the Time!"

그러면 아이들이 함박웃음을 짓습니다. 나이가 어리거나 말을 하지 못하는 아이일지라도 그 영(sprit)은 그 축복의 메시지를 알아듣고 좋아합니다. 그렇습니다! 그리스도인은 세상에서 가장 위대한 복을 받은 사람이요, 복 있는 사람입니다. 그래서 시편 기자는 복 있는 사람을 이렇게 묘사합니다.

> 복 있는 사람은 악인들의 꾀를 따르지 아니하며 죄인들의 길에 서지 아니하며 오만한 자들의 자리에 앉지 아니하고 오직 여호와의 율법을 즐거워하여 그의 율법을 주야로 묵상하는도다(시 1:1-2).

이렇게 하늘의 복을 받은 성도의 모임이 바로 '교회(εκκλησια)'입니다. 이러한 복 받은 성도의 모임, 복 있는 성도의 모임은 주께서 다시 오시는 그날까지 계속될 것입니다. 이렇게 거룩한 교회가 교회의 역사에서 사라질 것이라고 말한 사람이 있습니다. 바로 칼 막스(Karl Heinrich

Marx, 1818-1883)입니다.

칼 막스* vs 교회

만국의 프롤레타리아여, 단결하라! 역사는 계급투쟁의 역사다!

이 명제를 한마디로 그의 유물사관을 요약할 수 있습니다. 칼 막스는 변증법적 유물론의 입장에서 사회의 모든 현상을 설명합니다. 이러한 유물론의 기저에는 노동자의 생산력이 있으며 이 생산력은 생산력의 발전에 대응하여 변혁된다고 보았습니다. 그래서 칼 막스는 역사를 투쟁의 역사로 보았습니다. 즉 프롤레타리아 대 부르주아, 다시 말해 생산자(노동자) 대 자본가의 대결로 보았습니다. 특히 막스는 인간 소외의 원인을 경제에서 찾았습니다. 부르주아 계급이 프롤레타리아 계급을 경제적으로 착취함으로 인해 인간 소외가 발생하기 때문에 프롤레타리아 그룹이 부르주아 그룹을 타파하면 인간이 해방과 평등한 사회를 맞이할 것이라고 주장하였습니다.

따라서 프롤레타리아 계층이 사회의 주인이 되면 자본주의가 사라지게 되는 사회가 도래할 것이라고 주장하였습니다. 문제는 이러한 부르주아 계급, 즉 자본가(자본주의)를 누가 옹호하느냐? 바로 기독교라는

---

* 칼 막스는 독일의 경제학자, 정치학자, 철학자로 1818년 5월 5일 독일 라인주 트리어시에서 유대인 기독교 가정의 7남매 중 첫째로 태어났다.

것입니다. 따라서 프롤레타리아 혁명이 일어나고 완성이 되면 이 땅에서 기독교는 반드시 사라질 것이라고 보았습니다.

> 종교는 인민의 아편이다(Die Religion ist das Opium des Volkes.).

이 말은 『헤겔 법철학 비판 서설』에서 나오는데 종교의 현실도피적, 가치전도적 성향을 비꼰 것입니다. 물론 여기서 종교는 당시 유럽의 지배층을 옹호한 부패한 기독교를 말합니다. 막스는 기독교가 신비화의 기능을 이용해 노동자의 이익보다는 자본가의 이익에 봉사한다고 보았습니다. 그래서 막스에게 있어 기독교(교회)는 타파해야 할 대상이었습니다.

막스 뿐만이 아니라 버트란트 러셀(1872-1970)이란 철학자도 비슷한 주장을 했습니다.

> 종교는 인간의 지성이 충분히 성숙하지 못한 시대에 생겨난 믿음으로 곧 사라진다.

그러나 이 땅위에 부르주아(자본가) 계급은 사라지지 않았습니다. 우리나라는 공산주의 경제방식이 아닌 자본주의 경제 체제를 택하고 살고 있습니다. 물론 자본주의가 완벽한 경제체제는 아닙니다. 기독교 복음이 자본주의를 무조건 옹호하는 것도 아닙니다. 그러나 땀 흘려 일해서 그 소출을 자신이 얻는 것은 성경이 말하는 기본 정신이며 이 방식이 자본주의 경제의 기본과 맥락을 같이 하는 것은 사실입니다. 물론 이 땅 위에서 완벽한 경제체제라는 것은 없습니다. 자본주의가 완벽하지는 않지만 공산주의보다 몇 십 배, 몇 백 배 훨씬 더 좋은 경제 제도라고 생각합니다.

이러한 역사의 흐름 속에서 믿음의 역사, 복음의 역사, 구원의 역사는 주님의 몸 된 교회와 이 땅 위의 신실한 그리스도인을 통하여 계속되고 있습니다. 칼 막스의 역사관과 교회의 미래에 대한 전망은 완전히 빗나가고 말았습니다.

문제는 "기독교 신앙이 이 땅의 사람들에게 어떤 가치, 어떤 의미를 제공하는가?"라는 것입니다. 막스가 말한 "종교는 인민의 아편이다."라는 이 명제에 저는 동의합니다. 마르크스의 주장대로 종교는 언제든지 인민의 아편이 될 수 있습니다. 종교가 종교 본래의 본질을 잃어버릴 때 기독교 신앙이 그 신앙의 본질을 상실하면 아편보다도 더 심각한 독(毒)을 생산해 낼 수 있습니다. 복음이 그 본질을 잃어버리면 사람을 살리고 영혼을 구원하는 것이 아니라 사람의 영혼을 파괴하고 삶을 무너뜨릴 수 있습니다. 바로 우리 주변의 이단과 사이비 신앙에 빠진 사람들이 좋은 예입니다.

교회 세습

한 청년이 있었습니다. 대학에서 컴퓨터 공학을 전공했습니다. 그런데 그의 직업은 대장장이입니다. 그 스승이 누구냐면 아버지입니다. 어렸을 때는 아버지의 직업을 부끄럽게 생각했지만 철이 들어 아버지를 존경하게 되었고 그래서 아버지의 뒤를 잇게 되었습니다. 참으로 귀한 청년이라고 생각합니다. 이렇게 가업을 잇는 것은 칭찬할 만한 일입니다.

그러나 교회는 가업이 아닙니다. 이 대장장이 청년은 사회로부터 칭찬을 받을 만하지만 교회를 물려받는 목사는 칭찬이 아니라 비난을 받을 수밖에 없습니다. 가난한 교회를 물려받아 목회를 한다면 그것이야말로 "나의 십자가를 지고 주님을 따르라."는 말씀에 순종하는 것이요, 이는 성도들과 주변 사회로부터 마땅히 칭찬을 받을 만합니다. 그러나 대형 교회를 물려받는 것은 '부와 권력'을 세습하는 것입니다. 교회의 주인은 교회를 세우신 예수 그리스도이십니다. 우리는 매 주일 예배를 통해서 신앙고백을 합니다. 신앙고백 중에 '거룩한 공교회'라고 고백합니다. '공교회'란 '교회의 주인이 하나님이시라는 뜻'입니다. 교회는 주님의 몸이요, 그 몸의 주인은 예수 그리스도밖에 없습니다. 교회의 주인은 사람이 아니라 하나님이십니다. 교회의 주인은 담임 목사도 장로도 권사도 아닙니다. 어떠한 목사도 장로도 교회의 주인이 아니라 종이 되어야 합니다. 우리는 주님의 일꾼이요, 사역자일 뿐입니다.

지금 한국 교회뿐만이 아니라 사회적으로 지탄의 대상이 되는 M교회 세습 행위는 어떠한 변명을 하여도 정당화될 수 없습니다. 교단의 헌법을 어기는 것은 하나님의 뜻과는 상관이 없습니다. 교회는 개인이 기업처럼 물려 줄 수 있는 것이 아닙니다. 초대교회는 사회로부터 칭찬을 받았습니다. 그러나 오늘날 교회는 세상의 소금과 빛의 역할로 인하여 칭찬을 받기는커녕 거센 비난을 받고 있습니다. 심지어 "교회가 적폐(積弊)의 대상"이라는 말까지 듣고 있습니다.

십자가를 물려주는 것이라고 항변하지만 그 십자가를 다른 목회자가 지겠다고 한다면 어떻게 하시겠습니까?

교회가 비난받는 이유

교회가 왜 비난을 받습니까? 상식에 맞지 않는 행동을 하기 때문이며 복음의 진리를 바르게 선포하고 가르치지 않으며 또 그 복음의 진리를 따르지 않기 때문입니다. 복음의 진리를 누구보다도 앞장서서 선포하고 가르쳐야 할 목회자가 앞장서서 진리를 거스르며 오히려 불의한 일에 앞장섭니다. 왜? 거기에 자신의 이익이 도사리고 있기 때문입니다. 강단에서 입으로는 십자가를 말하고 하나님의 영광을 운운하지만 결국 하나님의 영광이 아니라 자신의 이익과 영광을 추구합니다.

우리 교회는 개혁 교회(reformed church)입니다. 우리는 개혁 신앙을 물려받은 개혁 교회의 교인입니다.

> Ecclesia reformanta ist semper reformada.
> (개혁된 교회는 항상 개혁되어야 한다.)

예수 그리스도의 복음이 전파된 이후 4세기 동안 교회는 폭발적으로 부흥하며 건강하게 성장했습니다. 그 부흥 속에는 순교자들의 피가 들어 있었습니다. 교회는 목숨을 걸고 선교했으며 불의와 타협하지 않고 진리를 수호하였으며 그리스도인들은 토굴 속에서도 그들의 믿음을 포기하지 않았습니다.

터키의 대린구유에 가면 3만여 명을 수용할 수 있는 거대한 지하 동굴이 있습니다. 지하 20층으로 되어 있는데 제가 갔을 때는 붕괴를 우려해 7층까지만 개방했습니다. 대린구유라는 말은 '깊은 우물'이라는 뜻입니다. 초대교회 성도는 그 대린구유, 땅 속에서 정말로 깊은 믿음의 우물을 팠고 마셨습니다. 로마에 가면 카타콤이 있습니다. 카타콤은 '구덩이'라는 뜻입니다. 카타콤은 로마인들의 공동묘지였습니다. 로마 교회 성도는 이 공동묘지에서 숨을 죽여 가며 믿음을 이어 갔습니다. 오직 믿음 하나로 토굴에서 태어나서 토굴에서 삶을 마감했습니다.

기독교 제국

주후 313년 콘스탄티누스 장군에 의해 로마에서 기독교가 종교로 인정받게 됩니다. 321년 3월 3일, 일요일을 쉬는 날로 칙령(임금이 내리는 명령)을 내렸습니다. 321년 7월 3일, 주일을 로마법으로 선포했습니다. 마침내 396년 테오도시 황제 때 기독교가 로마의 국교로 공표되었습니다. 그 후 교회는 외부의 도전이나 핍박을 받지 않았습니다. 교회는 부유해졌고 성직은 권력과 결탁했습니다. 결국 기독교는 타락의 길로 걸어갔습니다. 성직을 매매하였으며 성경보다는 교회의 권위, 교황의 권위가 더 우선시되었습니다. 1517년 10월 31일, 마르틴 루터(1483-1546)

신부가 비텐베르크 교회 정문에 가톨릭교회에 95개조의 반박문을 붙인 것이 종교개혁의 도화선이 되었습니다. 34세의 젊은 신부 마르틴 루터는 예수 그리스도를 따르는 사제였지만 자유함이 없었습니다.

"내가 죄 사함을 받기 위해 무엇을 해야 하는가? 나 같은 죄인이 거룩하신 하나님을 우러러볼 수 있는가? 내가 어떻게 하나님과 화목할 수 있을까?"

마르틴 루터는 사제가 되었지만 자신의 구원에 대하여 불안해했습니다. 열심히 고해성사를 했지만 자신이 고백하지 못해서 하나님의 심판을 받지 않을까 늘 두려워했습니다.

당시 로마 가톨릭에서는 구원은 예수 그리스도의 십자가의 공로만으로 완성되는 게 아니라 자신의 선한 공로가 있어야 얻을 수 있다고 가르쳤습니다. 그래서 공로가 부족한 신자는 천국에 가지 못하고 연옥에 머물러 영혼이 정화되기까지 고통을 당하게 된다고 가르쳤습니다. 예를 들면 베드로성당을 짓는 일에 독일 지역의 면죄부 판매책을 맡았던 테젤 신부(Johann Tetzel)는 이렇게 말했습니다.

> 면죄부는 죄인들을 세례보다 더 깨끗하게 만들며, 타락 이전의 아담보다 더 순결하게 만든다.

면죄부란 '하나님께로부터 죄를 용서받았다는 증서'를 말합니다. 마치 가족관계증명서 같은 종이 문서를 말합니다. 가톨릭 사제들은 이렇게 말했습니다.

우리가 헌금할 때 그 헌금함 바닥에 동전이 짤랑하고 떨어지는 순간 연옥에 갇혀 있던 영혼은 화살처럼 솟아오른다.

헌금을 낼 때 은화가 그 연보궤에 떨어지는 순간, 돌아가신 선조의 죄가 사해지고 동시에 연옥에 있던 영혼이 천국으로 올라간다고 가르쳤습니다. 사제들은 그렇게 성도의 헌금을 착취했습니다. 당시 가톨릭 교회는 자신들의 선한 공로가 남으면 다른 사람의 구원에도 도움을 줄 수 있다고 가르쳤으며 성자들의 유물이나 유골에 신비한 능력이 있다고 가르쳤습니다. 죽은 사람의 유골에 무슨 능력이 있습니까?
우리는 이렇게 찬송합니다.
"주의 보혈 능력 있도다 주의 피 믿으오!"
피는 생명입니다. 피가 부족하면 살 수 없습니다. 그러므로 사람의 피는 얼마간의 능력이 있습니다. 병원에서 수술하는 환자에게 내 피를 수혈해 주면 살릴 수 있습니다. 그러나 우리의 피가 다른 사람의 죄를 사하거나 아니면 죽은 자를 살릴 수 있는 능력은 없습니다. 오직 주 예수 그리스도의 보혈만이 죄 사함의 능력이 있습니다. 예수 그리스도의 피만이 우리의 죄를 깨끗하게 용서해 줄 수 있으며 죽음에서 생명으로 옮길 수 있습니다.
당시 가톨릭 신부들이나 신자들은 로마에 가는 것이 큰 소망이자 특권이었습니다. 왜냐하면 오스만투르크가 예루살렘과 터키 전역을 장악하여 예루살렘은 가 볼 수가 없었기 때문입니다. 로마의 칼릭스투스 성당의 지하실에는 40명의 교황의 유골과 7만 6천여 명의 순교자가 묻혀 있었기 때문에 이런 거룩한 곳에서 참회하고 미사를 드리는 것은 구원의 은총을 덧입는 기회였습니다.

로마에 가면 "성요한성당"이 있는데 그 왼쪽 건너편에 라테란성당이 있습니다. 그 성당에는 스칼라 산크타(Scala Sancta, 성스런 계단)라고 불리는 예수님이 올라가셨던 계단이 있습니다. 이 계단은 콘스탄티누스 황제의 어머니 헬레나가 예루살렘에 있던 본디오 빌라도 로마 총독 관저에서 옮겨 온 것으로 '빌라도의 계단'이라고도 합니다. 28개의 대리석 계단 위에는 아직도 몇 군데에 예수님께서 흘리셨던 핏자국이 보관되어 있기에 거룩한 계단을 무릎으로 오르며 고행을 하면 죄를 용서받을 수 있다고 믿었습니다.

마르틴 루터

1511년 28세의 마르틴 루터가 순례자들의 무리에 섞여 로마로 갔습니다. 그는 일행인 순례자들과 함께 "빌라도의 계단"을 무릎으로 올라가고 있었습니다. 예수 그리스도가 이 계단으로 올라간 적이 있다는 전설을 따라 자신들도 예수를 뒤따르는 길이라 생각하여 그렇게 하고 있었습니다. 루터는 라틴어로 주기도문을 외우면서 오르는데 피멍이 들었습니다. 그래도 죄 사함의 기쁨도, 확신도, 영적 평안도 없었습니다. 마르틴 루터가 무릎 걸음으로 빌라도의 계단을 오르는 중에 로마서 말씀이 그의 심중에 생각났습니다.

내가 복음을 부끄러워하지 아니하노니 이 복음은 모든 믿는 자에게 구원을 주시는 하나님의 능력이 됨이라 먼저는 유대인에게요 그리고 헬라인에게로다 복음에는 하나님의 의가 나타나서 믿음으로 믿음에 이르게 하나니 기록된 바 오직 의인은 믿음으로 말미암아 살리라 함과 같으니라(롬 1:16-17).

이 말씀과 함께, 자신이 돌계단을 오르는 고통을 참음으로 깨끗하게 된다는 세인들의 고정관념이 부질없는 것임을 깨달았습니다. 그리고 "의인은 믿음으로 말미암아 살리라."는 구절이 그의 신령에 떠오르자 중도에 일어나 계단을 내려오고 말았습니다. 이때 로마 교회와 결별하였습니다.

그로부터 6년 뒤, 1517년 10월 31일 비텐베르크교회 정문에 가톨릭교회에 95개조의 반박문을 붙였고, 그것이 종교개혁의 도화선이 된 것입니다. 종교개혁자는 루터만 있었던 것이 아닙니다. 루터의 친구였던 필립 멜랑히톤, 체코의 얀 후스, 프랑스의 장 칼뱅, 스위스의 츠빙글리, 베자, 스코틀랜드의 존 녹스….

루터가 비판한 가톨릭교회의 문제는 성직 매매, 물질 숭배, 비성경적 교리, 도덕의 실종, 부패한 교권 등 많았지만 무엇보다 가장 큰 문제는 '복음의 진리에 대한 심각한 왜곡'이었습니다. 이런 것에서 "복음의 진리로 돌아가자."라고 외치며 행동했던 사람들이 바로 종교개혁가들이었습니다. 주님은 오늘 우리에게 이렇게 말씀하시고 계십니다.

진리를 알지니 진리가 너희를 자유롭게 하리라(요 8:32).

당신은 자유하게 하는 진리를 아십니까? 당신은 자유의 가치를 아십니까? 자유가 얼마나 눈물 나게 귀한 것인지를 아십니까? 자유의 가치는 속박이나 구속을 당해 본 사람만이 실감할 수 있습니다. 나라를 빼앗겨서 성과 이름을 강제로 개명하고, 학교에서는 조선말을 사용할 수 없고, 강제로 징용을 당하고, 꽃다운 나이에 영문도 모른 채 위안부로 끌려가서 인권유린을 당하는 등…. 그런데 이런 속박만이 사람을 불행하게 하는 것이 아닙니다. 사람을 무기력하게 하고 불행하게 하며 어둠에 가두는 본질은 바로 '죽음'입니다. 모든 사람은 이 죽음 앞에 무기력합니다. 남녀노소, 신분의 차이, 계급의 차이를 무색하게 하는 것이 바로 '죽음'입니다. 이 죽음에서 우리를 해방시켜 줄 수 있는 방법도 사람도 없었습니다. 아니 그것은 사람이 할 수 없는 일이었습니다. 그렇다면 인류에게 최고의 진리는 무엇입니까? 바로 우리를 죄와 사망의 법에서 자유하게 하는 진리입니다. 이 진리가 바로 '구원에 대한 진리'요, 이 진리는 '예수 그리스'도 그분을 말하는 것입니다.

모든 사람은 죄인입니다. 모든 사람은 자신의 죄에서 자유할 수 있는 능력이 없는 '전적 타락', '전적 무능력'의 상태입니다. 오직 하나님의 아들이신 예수 그리스도만이 우리를 죄에서 자유롭게 하실 수 있습니다. 진리이신 예수 그리스도만이 우리를 자유롭게 하실 수 있습니다.

예수께서 이르시되 내가 곧 길이요 진리요 생명이니 나로 말미암지 않고는 아버지께로 올 자가 없느니라(요 14:6).

예수님은 인생을 자유롭게 하는 진리가 바로 자신임을 드러내고 있습니다. 그러므로 참된 진리는 예수 그리스도요, 예수님을 알고 믿는 것이 구원에 이르는 길입니다. 구원에 대한 진리는 예수 그리스도의 십자가의 은혜를 통해서만 오는 것이며 참된 진리는 변함이 없습니다. 변하는 것은 진리가 아니라 가짜이거나 거짓입니다.

예수 그리스도는 어제나 오늘이나 영원토록 동일하시니라(히 13:8).

종교개혁의 다섯 가지 모토

오직 주님만이 영원토록 변함이 없으신 진리입니다. 종교개혁 5대 모토(Five Sola)가 있습니다.

오직 성경(Sola Scriptura)
오직 믿음(Sola Fide)
오직 그리스도(Solus Christus)
오직 은혜(Sola Gratia)
오직 하나님께 영광(Soli Deo Gloria)

우리가 할 개혁이 무엇입니까? 바로 '나를 개혁하는 것'입니다. 나를 개혁하는 방법은 바로 '진리를 아는 것'입니다. 진리를 아는 것이란 '다시 복음 앞에 서는 것, 다시 십자가 앞에 서는 것'입니다. 영원한 진리, 우리를 죄와 사망의 법에서 자유하게 하는 진리는 곧 예수 그리스도이십니다. 할렐루야!

3장

십자가 1

십자가의 도가 멸망하는 자들에게는 미련한 것이요 구원을 받는 우리에게는 하나님의 능력이라(고전 1:18).

하나님은 계십니까?

하나님은 정말 살아 계신가? 하나님은 정말 내 삶을 책임져 주시는 것일까? 하나님이 함께하는데 나는 왜 시험을 망쳤을까? 기도하면 정말 하나님이 들어 주시는가? 남들은 응답받았다고 하는데 나는 왜 그런 경험이 없는가? 교회에 열심히 다니는데 왜 사업은 잘 안 되고, 때로는 부도도 나고, 경제적으로 어려움을 당하는가? 하나님이 내 삶을 책임지시고, 인도하신다고 하지 않았는가?

그리스도인이라면 누구나 이런 궁금증과 답답함이 있을 것입니다. 위의 질문뿐만이 아니라 삶의 과정에는 헤아릴 수 없는 질문과 난제가 있습니다. 그러면 이러한 질문에 대한 성경의 대답은 무엇입니까? '십자가'입니다. 그냥 '아무나의 십자가'가 아니라 '예수 그리스도의 십자가'입니다. 인생의 어떠한 질문이 되었든지 그 질문은 예수 그리스도의 십자가를 만나면 그 해답을 얻을 수 있습니다. 예수 그리스도의 '십자가'가 무엇입니까? 십자가는 단순히 나무 조각일까요? 그 나무에 무슨 능력이 있습니까? 나무로 만들었으니 아궁이에 던지면 탈 것입니다. 그러나 예수 그리스도의 십자가 속에는 어마어마한 능력이 숨어 있습니다. 무슨 능력입니까? 바로 구원의 능력입니다.

구원의 능력

① 예수님
② 돈
③ 애완견
④ 남편과 아내

위의 예문 가운데 제일 좋아하는 것이 무엇입니까? 고르기 힘드십니까? 예수님도 좋고, 남편과 아내도 좋고, 강아지도 좋고, 돈도 좋습니다. 그렇지만 뭐니 뭐니 해도 머니(money)가 최고입니까? 우리는 돈의 소중함을 알고 있습니다. 왜냐하면 돈의 능력을 체험했기 때문입니다. 유전무죄, 무전유죄라는 말이 생길 정도로 돈의 능력이 있음은 어린아이들도 알고 있습니다. 특별히 설날을 통해 어른들이 공식적으로 아이들에게 돈의 위력이 얼마나 큰지를 가르쳐 주는 나라입니다. 그렇게 '돈! 돈! 돈!' 하다 돌아버리면 그 인생은 누가 책임집니까? 아무리 어마어마한 돈을 소유하고 있다 할지라도 그 돈이 내 삶을 영원히 보장할 수 없습니다. 돈에는 그런 능력이 없습니다.

③번 애완견을 제일 좋아하십니까? 교회에 앉아 예배드리며 집에 두고 온 애완견을 걱정하는 분이 있습니다. 이 사람은 예수님 없이는 살아도 애완견 없으면 못사는 사람입니다. 애완견 키우고 사랑해 주는 것을 누가 뭐라고 하겠습니까? 그러나 애완견에다 쏟는 사랑과 정성의 1/10, 1/100 만큼이라도 주님을 사랑하고 있습니까? 주님의 몸 된 교

회를 섬기고 있습니까? ④번 남편과 아내! 정말 이 세상을 살아가는 데 소중하고 또 소중하지만 장례식에서 따라 죽는 남편도, 아내도 없습니다.

결국 내 영혼을 영원히 좌지우지하는 분은 예수님 한 분밖에 없습니다. 오늘 많은 그리스도인이 예수님을 믿으면서도 그 예수님께서 지신 십자가의 능력은 잘 모릅니다. 그러므로 예수님을 믿는 사람, 복음의 능력으로 살기 원하는 사람은 십자가를 알아야 합니다. 그러면 예수 그리스도의 십자가에는 어떤 능력이 있습니까?

십자가의 능력

첫째로 십자가는 죄를 깨닫게 하는 능력이 있습니다. 십자가를 보면 무엇이 보입니까? 내 죄를 대신하여 보혈을 흘리신 예수님이 보입니다. 내 죄란 것이 얼마나 무겁고 큰지 하나님의 아들이 대신 십자가에 죽어 주셔야만 해결 받을 수 있습니다. 그래서 십자가를 보면 내 죄가 보입니다. 베드로는 예수님의 말씀대로 그물에 고기가 가득하게 되자 그 고기를 팔 생각에 기뻤던 것이 아니라 그 기적의 순간에 바로 죄인인 자신을 보게 되었습니다. 그래서 이렇게 말합니다.

> 시몬 베드로가 이를 보고 예수의 무릎 아래에 엎드려 이르되 주여 나를 떠나소서 나는 죄인이로소이다 하니(눅 5:8).

베드로는 자신이 죄인임을 깨달았습니다. 죄인인 것은 알았는데 예수님이 베드로를 떠나신다고 죄가 해결됩니까? 절대로 안 됩니다. 오히려 죄를 깨달았다면 "주님 저는 죄인인데 제 죄를 해결해 주세요." 하고 매달려야 합니다. 당신은 예수 그리스도의 십자가를 경험했습니까? 그 십자가의 풍성한 은혜를 누리고 있습니까? 십자가를 경험했다는 것은 십자가를 바라보면서 예수님을 그 십자가에 못 박은 사람이 바로 '자기 자신'임을 깨닫게 되었다는 것을 말합니다. 내가 하나님 앞에서 죄인임을 인정하고 고백하고 회개함으로 죄 사함의 은총을 입었다는 것을 말합니다. 사람들은 십자가를 경험하기 전까지 누가 뭐래도 자신이 죄인이라고 생각하지 않습니다.

"내가 도둑질을 했나? 살인을 했나? 사기를 쳤나? 간음을 했나?"

오히려 자신을 향해 스스로 죄인이라고 고백하는 그리스도인들을 향해 비난과 경멸의 눈초리를 보냅니다.

"도대체 무슨 죄를 그렇게 많이 짓는단 말인가? 정말 역겨운 사람들이야!"

그러나 십자가를 경험하고 나면 내 자신의 추함과 더러움과 불의함과 죄가 보입니다. 그리고 그 죄를 해결해 주실 유일하신 예수님이 보입니다. 그래서 오직 예수님만이 죄에서 구원해 주실 분이요, 악한 삶에서 의의 삶으로 인도해 주시는 분임을 고백하게 됩니다. 그러므로 진정 예수님을 믿고 십자가를 경험했다면 내 안에 변화가 일어나야 합니다. 그 변화는 한 번 일어나고 그치는 것이 아니라 매일매일 일평생 일어나야 합니다.

간음하다 현장에서 붙잡힌 여자를 보고 사람들은 모세의 율법대로 돌로 쳐 죽이려고 했습니다. 냉철하게 따지고 보면 간음하다 잡힌 이 여인이 자신들의 삶에 어떤 피해를 준 것은 없습니다. 단지 간음한 여인을 보면서 정죄하고 싶은 것입니다. 그래야 자신들의 의로움이 더 드러나기 때문입니다. 그런데 주님께서는 "너희 중에 죄 없는 자가 먼저 돌로 치라(요 8:7)."고 말씀하십니다.

다른 말로 바꾸면 "너희들은 죄가 없느냐?"라는 질문입니다. 이 말씀에 이 여인을 향해 분노가 가득 차 있던 사람들이 하나둘씩 자리를 뜨고 말았습니다. 예수님의 말씀을 통해 자신도 똑같은 죄가 있음을 깨달았기 때문입니다. 내가 어떤 사람입니까? 예수님을 십자가에 못 박은 장본인입니다. 그런 내가 무슨 말을 하겠습니까? 정말 내가 예수님을 만나고 십자가를 경험한 사람이라면 자신이 죄인임을 고백하지 않을 수 없습니다.

둘째로 십자가는 진정한 복이 무엇인지를 가르쳐 줍니다.

세상에 죄 없는 사람은 아무도 없습니다. 그가 어떤 신분을 가졌든 얼마만큼 소유했든, 얼마만큼 유명하든지 상관없이 모든 사람은 '죄인'입니다. 그런 죄인이 예수 그리스도의 십자가의 대속으로 말미암아 '속량'을 받았습니다. 그러므로 십자가의 대속의 은혜는 제가 받은 복 중의 가장 큰 복입니다.

지난해 제 결혼식 설교 테이프를 우연히 집에서 발견했습니다. 26년이 지났지만 비교적 잘 보관이 되어 주례 목사님의 설교를 다시 들었습니다. 감회가 새로웠습니다. 이처럼 이 땅에서 내 삶의 모습은 하나님

나라에서 그대로 기록이 됩니다.
주님은 이렇게 말씀하셨습니다.

> 또 내가 사망으로 그의 자녀를 죽이리니 모든 교회가 나는 사람의 뜻과 마음을 살피는 자인 줄 알지라 내가 너희 각 사람의 행위대로 갚아 주리라(계 2:23).

그러므로 우리의 죄악된 삶이 녹화되고 있으니 이거 큰일 아닙니까? 친구를 속이고, 부모와 아내와 남편을 속일 수는 있어도 하나님을 속일 수 없으니 큰일 아닙니까? 그러나 예수님의 십자가를 경험한 사람에게는 큰일이 아닙니다. 왜냐하면 그 녹화된 필름이 십자가의 보혈로 매일매일 지워지기 때문입니다. 이것이 십자가의 능력이요, 십자가를 통한 죄 사함의 은혜요, 복입니다.

> 허물의 사함을 받고 자신의 죄가 가려진 자는 복이 있도다(시 32:1).

셋째로 십자가는 하나님의 사랑입니다.
죄는 내가 지었는데 그 죗값은 예수님이 치르셨습니다. 이것이 '은혜'입니다. 그리고 죄인에서 의인으로 나아가 하나님의 자녀로 삼아 주셨습니다. 이것이 '사랑'입니다. 이 은혜와 사랑이 이해가 되십니까? 이해할 수 없습니다.

사람들은 이해할 수 없네 구세주의 사랑 이야기
영광스런 천국 떠난 사람 나와 같은 죄인 구하려
주님의 그 사랑은 정말 놀랍네 놀랍네 놀랍네
오 주님의 그 사랑은 정말 놀랍네 나를 위한 그 사랑

그런데 우리는 그 하나님의 사랑을 어떻게 판단합니까? 일이 잘되면 하나님께서 사랑하는 것이고, 안 되면 하나님은 나를 사랑하지 않는다고 생각합니다. 즉 내 삶에 나타나는 현상만으로 하나님의 사랑을 평가하려고 합니다. 그러나 하나님의 사랑은 이미 우리에게 확증된 진리입니다. 진리란 변함이 없는 것이어야 합니다. 변하는 것은 진리가 아니라 거짓입니다. 아침에 사랑한다고 하고, 점심에 미워한다고 하면 아침의 그 사랑은 진리의 사랑일 수 없습니다. 하나님의 사랑은 어제나 오늘이나 영원토록 변함없는 사랑입니다.

우리가 아직 죄인 되었을 때에 그리스도께서 우리를 위하여 죽으심으로 하나님께서 우리에 대한 자기의 사랑을 확증하셨느니라(롬 5:8).

4장

십자가 2

우리는 십자가에 못 박힌 그리스도를 전하니 유대인에게는 거리끼는 것이요 이방인에게는 미련한 것이로되(고전 1:23).

산소 탱크

　연탄보일러로 난방을 하던 시절이 있었습니다. 아래위로 붙어 있는 연탄을 연탄집게로 떼어 내는 것은 저의 몫이었습니다. 아래 연탄은 다 타서 버리고 위의 것은 아래로 그리고 새 연탄은 위로 두고 바람이 들어가는 구멍을 잘 조절해서 가능하면 오래 사용할 수 있도록 했습니다. 저는 나름 손재주가 있어서 섬세하게 붙어 버린 두 장의 연탄을 잘 분리했습니다. 연탄보일러 시절 한번쯤은 연탄가스에 중독(?)되는 경험을 해 보신 분들이 있을 것입니다. 제 아내도 중학교 2학년 때 연탄가스에 중독되어 대학병원 응급실에 들어가서 살아났다고 합니다. 당시 아침에 일어나서 어지럽고 메스꺼움을 느끼면 대부분이 연탄가스에 노출된 것이었고 그러면 동치미 한 그릇을 마시는 것으로 일종의 해독(?)을 하였습니다. 그러나 심각하게 연탄가스에 중독된 사람은 동치미 두 그릇을 마신다 해도 해독되는 것이 아닙니다. 그 사람은 반드시 병원의 '산소 탱크'에서 치료를 받아야 살 수 있습니다. 연탄가스, 즉 일산화탄소는 뇌에 산소 공급을 차단하기 때문에 산소 탱크에 들어가서 산소 치료를 받지 않으면 중독으로 사망에 이르게 합니다. 만약 아내가 산소 탱크에 들어가지 못했다면 우리는 부부로서 만나지 못했을 것입니다.

　이처럼 오늘날 죄악의 가스에 죽어 가는 사람들이 반드시 들어가야 할 영적 산소 탱크가 바로 '십자가'입니다. 세상에 죄 없는 사람은 없습니다. 다른 사람은 몰라도 자신은 자신의 죄가 무엇인지 알고 있습니다. 그 죄의 결과는 참으로 참혹합니다. 바로 '죽음'입니다 죄의 삯은 사망이요 하나님의 은사는 그리스도 예수 우리 주 안에 있는 영생이니라(롬 6:23).

욕심이 잉태한즉 죄를 낳고 죄가 장성한즉 사망을 낳느니라(약 1:15).

사람은 죄를 지으면 마음이 불편해집니다. 왜냐하면 '양심의 법'이 작동하기 때문입니다. 그러므로 성령의 법을 따르기 이전에 양심의 법을 버리지 말아야 합니다. 세상 사람들은 양심의 법을 갖고 살아간다면 그리스도인들은 양심의 법 위에 성령의 법을 지키는 사람들입니다. 그래서 사도 베드로, 사도 바울 그리고 히브리서 기자는 '선한 양심'의 중요성을 이렇게 말씀하고 있습니다.

선한 양심을 가지라 이는 그리스도 안에 있는 너희의 선행을 욕하는 자들로 그 비방하는 일에 부끄러움을 당하게 하려 함이라(벧전 3:16).

이 교훈의 목적은 청결한 마음과 선한 양심과 거짓이 없는 믿음에서 나오는 사랑이거늘(딤전 1:5).

우리를 위하여 기도하라 우리가 모든 일에 선하게 행하려 하므로 우리에게 선한 양심이 있는 줄을 확신하노니(히 13:18).

그러나 그 양심의 법을 무시하고 계속해서 죄를 짓게 되면 그 양심의 법조차도 가동을 하지 않습니다. 그러한 마음의 상태를 성경은 이렇게 표현합니다.

> 자기 양심이 화인을 맞아서 외식함으로 거짓말하는 자들이라 (딤전 4:2).

화인 맞은 양심은 거짓말하는 데 아무런 거리낌이 없습니다. 오히려 그 죄 짓는 것을 즐거워합니다. 죄를 지을 때 마음이 불편해지는 정도만 되어도 그 죄의 길에서 벗어날 수 있는 실낱 같은 희망이 보이겠는데 양심이 화인 맞았으니 더 이상의 소망은 없습니다. 결국 화인 맞은 양심대로 살면서 죄를 짓게 되고 그 죄는 아주 치명적인 결과를 가져옵니다. 바로 '사망'입니다. 그렇습니다! 죄를 지은 사람은 누구나 예외 없이 그 결과는 동일하게 '사망'으로 나타납니다. 그러므로 사람이 죄를 품고 그 죄의 길대로 따라 살게 되면 결국 사망에 이르게 됩니다. 반면에 예수님 안에서 십자가의 길로 따라 살면 사망에서 영생으로 옮겨지는 놀라운 은총을 덧입게 됩니다. 이것이 복음이요, 은혜입니다.

영적 산소 탱크

이처럼 죄의 결과는 사망인데 이 결과를 바꿀 수 있는 유일한 방법은 바로 예수 그리스도의 십자가뿐입니다. 십자가의 능력은 죄를 이깁니다. 사망을 이깁니다. 그래서 우리에게 죽음으로 끝나는 것이 아니라 영생으로 옮겨지는 역사를 가져옵니다. 그러므로 모든 사람이 죄의 중독에 빠졌을 때 살아나는 유일한 방법은 영적 산소 탱크인 '십자가' 속에 들어가는 것입니다.

독사에게 물리면 해독제만이 그 사람을 구할 수 있듯이 죄에 오염된 인생의 유일한 해독제는 십자가밖에 없습니다. 그래서 바울은 영적 의사로서 십자가라는 영적 해독제를 자랑하고 이 해독제를 기꺼이 사용하라고 가르치고 있습니다. 누구든지 예수 그리스도의 십자가 속에 들어가기만 하면 십자가의 보혈은 죄의 독을 해독시키며 하나님의 생명의 역사를 누리게 됩니다. 그래서 바울 사도는 자신의 인생 가운데 정말 자랑할 것은 십자가라고 고백합니다.

> 그러나 내게는 우리 주 예수 그리스도의 십자가 외에 결코 자랑할 것이 없으니 그리스도로 말미암아 세상이 나를 대하여 십자가에 못 박히고 내가 또한 세상을 대하여 그러하니라(갈 6:14).

만약 죽음에 임박한 부자가 병원에 입원하여 자신의 혈액을 건강한 청년의 혈액으로 다 바꾼다고 해 봅시다. 그 청년의 피가 그 부자를 다시 살려 낼 수 있습니까? 사람의 피에는 영원한 능력이 없습니다. 사람의 피에는 죄를 사해 주는 능력도 없습니다. 그러나 예수 그리스도의 피는 죄 사함의 능력이 있습니다. 영생의 능력이 있습니다.

구약시대에 드린 희생제물의 피는 단회적인 죄 사함의 가치밖에 없었습니다. 그래서 죄를 지을 때마다 소, 양, 염소, 비둘기 가운데 자신의 형편에 따라 제물의 피를 대신 바쳐야 했습니다. 피는 곧 생명을 의미하며 피를 흘리는 것은 생명을 바치는 것을 말합니다.

> 율법을 따라 거의 모든 물건이 피로써 정결하게 되나니 피흘림이 없은즉 사함이 없느니라(히 9:22).

나의 죄를 씻기 위해서 예수 그리스도께서 십자가에서 피를 흘려주시지 않았다면 여전히 제물을 통해서 피의 제사를 드릴 수밖에 없습니다. 우리를 얼마나 사랑하시는지 우리가 흘려야 할 피 대신 예수님의 보혈을 다 쏟아 주심으로 모든 죄를 영원히 씻어 주셨습니다. 아무 흠도 없고 죄도 없으신 예수님께서 우리의 모든 죄를 다 뒤집어쓰시고, 죄인의 모습을 취하사 대속의 피를 흘려주셨습니다. 그러므로 우리는 예수 그리스도의 십자가를 사랑해야 하며, 자랑해야 합니다. 예수 그리스도의 십자가의 사랑이 없었다면 우리는 여전히 죄 가운데 살아야 합니다. 이처럼 예수 그리스도의 십자가는 대속의 능력, 구원의 능력, 영생의 능력을 가져다 줍니다. 문제는 오늘날 예수 그리스도를 믿는다는 성도에게 십자가의 능력이 나타나지 않는다는 것입니다. 예수 그리스도를 누가 증거할 수 있습니까? 십자가를 사랑하고 십자가를 자랑하고 싶은 사람들입니다.

교회의 문제

어떤 성도는 성령 충만함을 받았다고 자랑하고, 어떤 이는 하나님의 은사를 받았다고 자랑합니다. 그런데 그 속에 예수 그리스도의 십자가가 드러나지 않습니다. 예수 그리스도의 마음과 모습이 보이질 않습니다. 그렇게 오랫동안 교회를 다니고 신앙생활을 했는데도 믿음의 진보, 삶의 변화, 아름다운 믿음의 성숙은 나타나지 않습니다. 왜 그럴까요? 내 삶 속에 십자가를 멀리했기 때문이요, 십자가가 빠졌기 때문입니다.

고린도교회에는 많은 문제가 있었습니다. 분파의 문제, 음행의 문제, 우상숭배의 문제, 송사의 문제, 우상 제물의 문제, 바울의 사도권의 문제, 은사 체험의 문제! 이러한 고린도교회의 수많은 문제들에 대한 바울의 처방전이 무엇이었습니까?

십자가와 부활

당시 유대인들은 표적을 구하고 헬라인들은 '지혜', 곧 '철학'을 구하였습니다. 유대인들에게 십자가는 죄수의 형틀로써 거리끼는 것이었고, 헬라인들에게 십자가라는 것은 미련한 삶의 결과였을 뿐입니다. 그렇다면 우리에게 '십자가'는 과연 무엇입니까?

철책의 십자가

  23년 전 열쇠부대 표범연대에 군종목사로 사역할 때 매주 목요일 밤 10시 징도에 군종병을 데리고 철책부대의 장병들을 위하여 기도하고 위로하기 위해서 초소로 올라갔습니다. 사방이 고요하고 세상이 온통 어둠으로 덮였을 때 그 어둠 속에 찬란히 빛나는 것이 있었습니다. 바로 철책부대의 작은 군인 교회입니다. 매일 밤하늘을 비추는 빨간 십자가는 춥고 외로운 장병들에게 큰 위로와 힘이 되어 주었습니다. 반면에 도시의 밤하늘에 경쟁적으로 세워 놓은 십자가의 불빛은 오히려 도시 미관을 헤치는 상징이 되어 버렸습니다. 너무 많은 십자가의 홍수 속에서 사람들은 십자가를 흉물처럼 취급합니다. 또한 그 십자가를 보아도 아무런 감흥이 일어나지 않습니다.
  십자가가 얼마나 귀한 상징입니까? 그러나 맘모니즘에 물든 기독교는 그 십자가를 이용하여 자신의 이익을 도모하려는 사람들로 넘쳐납니다. 사도 바울은 그 예수의 십자가 때문에 이익은 고사하고 죽도록 고생만 했습니다. 옥에 갇히고, 사십에 하나 감한 매를 다섯 번 맞고(195대), 한 번 돌로 맞고, 세 번 파선하고, 자지 못하고, 주리며 목마르며, 춥고 헐벗었습니다(고후 11:23-27). 그럼에도 바울은 언제나 예수 그리스도의 그 십자가를 자랑했습니다. 왜냐하면 그에게 십자가는 하나님의 능력이요, 지혜였기 때문입니다.
  큰아들 태론이가 5살 때쯤 일입니다. 대전에서 서울로 올라오는 기차를 탔는데 수원을 지나면서 창밖으로 붉은 십자가가 연속해서 보이는 것입니다. 그 십자가를 보면서 아이가 이렇게 외칩니다. 매일 부대에서 보던 십자가를 기차를 타고 보니까 그것도 계속 나타나니까 신기했던 모양입니다. 기차 밖으로 빨간 십자가가 보일 때마다 외칩니다.

"십자가다! 십자가다!"

십자가가 계속 나타나는 것이 신기했는지 십자가를 크게 외쳤습니다. 다른 승객도 있는데 좀 미안하고 창피한 생각이 들어서 그만하라고 제지했지만 아이는 계속합니다. 그 순간 이런 마음이 들었습니다.

"너는 아들처럼 저 십자가를 외치고 있느냐? 그 십자가를 사랑하고 자랑하고 있느냐?"

그런 마음이 드는 순간 저는 그 자리에서 회개했습니다. 마귀는 광야에서 주님을 향해 십자가 대신 떡을 먹으라고 유혹했습니다. 십자가 대신 세상 만국의 부귀영화를 가지라고 유혹했습니다. 마귀는 십자가를 싫어합니다. 그래서 십자가 복음이 아니라 부와 번영의 복음으로 바꾸려고 합니다. 이러한 마귀의 유혹은 오늘도 여전히 계속되고 있습니다.

번영신학

그래서 불신자들에게 전도하는 방법도 '십자가를 통과하여 죄 씻음을 받고 구원을 받으라고 하는 것'이 아니라 '행복한 삶을 살고 싶으면 교회에 나오라'고 합니다. 이러한 번영신학, 기복주의 신앙에 물들면 시련이 닥치고 환난이 다가올 때 여지없이 무너져 버립니다. 신앙을 갖는 이유를 행복하기 위해서라고 말합니다. 신앙의 목적, 십자가를 바라보는 목적이 '행복'이 되었습니다. 인터넷 검색 창에 '행복한 교회'라고 쳐 보십시오! 참 많습니다. 다음으로 '행복한 절'을 검색했더니 의외로 많은 절 이름이 있었습니다. 그 행복한 절에서 "고요한 밤 거룩한 밤"을 부르면서 행복한 절의 기쁨을 만끽했다고 나옵니다. 또 '행복보살'도 나옵니다. 노란 행복 부적을 양손에 꼭 쥐고 간절히 소원을 말한 후 이름과 주소를 이야기하면 행복보살님이 그 사람의 집까지 행차하여 반드시 그 소원을 이루어 준다고 합니다.

행복한 교회와 행복한 절! 무슨 차이가 있을까요? 사람들은 어디든지 가서 행복하면 되는 것 아니냐고 묻지 않겠습니까? 행복한 삶을 싫어하는 사람이 누가 있겠습니까? 그러나 교회 다니는 목적이 단지 행복한 삶이라면 교회 안다니고도 얼마든지 행복한 사람들, 절에 다니고도 얼마든지 행복한 사람들을 어떻게 해석해야 할까요? 그들에게 더 이상 전도와 선교는 필요하지 않습니다. 예수님을 믿고 구원 받기 위해서 교회 나오라고 하는 것이 아니라 당신이 행복한 삶을 살려면 교회를 나와야 한다고 선전합니다. 행복한 신앙생활이 예수 그리스도의 십자가를 밀어낸 것입니다. 행복하다는 감정을 얻을 수 있다고 하면 교회든지 절이든지 상관이 없고 더욱이 예수 그리스도의 십자가는 그 행복과는 너무 멀리 있습니다. 우리의 신앙생활의 목적은 '행복'이 아니라 '거룩함'에 있습니다.

북한의 지하에서 그리고 이슬람이나 힌두교, 불교 국가에서 숨죽이며 예수님을 믿는 사람들은 과연 이 세상에서의 무엇을 기대하며 믿음을 지키는 것일까요? 그 사회에서 행복한 삶을 살려면 오히려 예수님을 믿지 않아야 합니다. 그러나 저들은 예수님을 목숨 걸고 믿습니다. 죽음의 자리에 갈 망정 예수 그리스도에 대한 믿음을 포기하지 않습니다. 왜냐하면 저들이 바라보는 것은 순간 사라지는 안개나 아침 이슬 같은 이 세상 나라가 아니라 영원한 하나님 나라이기 때문입니다.

교회에서 무엇을 가르치는가?

운전 학원에서 무엇을 가르칩니까? 운전! 그런데 노래를 가르친다면 운전을 배워야 할 사람들이 가겠습니까? 영어 학원에서 영어를 가르쳐야 하고, 웅변 학원에서는 웅변을 가르쳐야 합니다. 그런데 교회가 웅변 학원이 되고, 영어 학원이 되어 갑니다. 웅변을 가르쳐 줄 테니 교회 나오라고 합니다. 영어를 가르쳐 줄 테니 교회 나오라고 합니다. 왜 그럴까요? 무조건 나쁘다는 것은 아닙니다. 그렇게 해서라도 교회로 나오게 하려는 전도의 방법일 수 있습니다. 그냥 십자가를 들이대면 사람들이 피하기 때문에 다른 방법을 통해서라도 교회에 나오게 하려고 애쓰는 것입니다.

그러나 이렇게 나온 분이라 할지라도 언젠가는 반드시 십자가를 대면시켜야 합니다. 이 시대의 사람들은 십자가를 들이대면 피합니다. 왜냐하면 불편하고 부담스럽기 때문입니다. 그래서 이렇게 신앙생활을 시작한 사람은 평생 십자가와 직면하려고 하지 않습니다. 그래서 신앙생활 가운데 십자가 같은 불편, 십자가 같은 아픔, 고난이 조금만 생겨도 불평하기 시작합니다. 그러나 십자가를 대할 때 그 '불편함'이 나를 은혜의 강가로 인도한다는 것을 알아야 합니다. 예수님의 진정한 은혜는 말씀을 통한 불편함 속에 들어 있음을 믿어야 합니다.

> 이에 예수께서 제자들에게 이르시되 누구든지 나를 따라오려거든 자기를 부인하고 자기 십자가를 지고 나를 따를 것이니라(마 16:24).

주님을 믿는다는 것은 단지 마음으로 그리고 입술로 고백하는 것만을 의미하는 것이 아니라 '자기 십자가'를 지고 예수님의 십자가의 길을 기꺼이 따르겠다는 의지적 결단까지 동반되는 것입니다. 이 세상에서 '자기 십자가'를 지지 않고 주님을 따르는 길은 없습니다.

그러므로 교회에서 무엇을 가르치고 무엇을 배워야 할까요? 십자가입니다. 성도는 교회에서 십자가를 배워야 합니다. 교회는 예수 그리스도의 피 묻은, 십자가를 가르치고 십자가를 따르는 법을 가르쳐야 하고, 성도는 배우고 그 십자가를 자랑하고 그 십자가의 길로 살아야 합니다. 그 십자가의 길로 살아가는 것이 진짜 믿음이요, 구원 받는 길입니다. 그렇다면 그 십자가 체험을 몇 번이나 해야 할까요? 한 번! 두 번! 세 번! 아니 평생 해야 합니다. 그리스도인은 날마다 십자가에서 죽고, 십자가에서 살아야 합니다.

운전하다 교통법규를 위반하여 벌점을 받아 운전면허가 정지되면 교통안전공단에 가서 다시 안전 교육을 받아야 합니다. 그래야 다시 운전면허를 내어 줍니다. 이처럼 성도가 세상에서 살다 지치고 하나님의 말씀 따라 살지 못하고 죄의 길에 들어서게 되면 다시 십자가를 체험해야 합니다. 교회에서 십자가를 가르치지 않는다면 교회 안에는 불신자들로 가득 차게 될 것입니다.

직분자의 착각

한국 교회의 문제는 믿지 않는 사람들의 문제가 아니라 믿는 사람들의 문제입니다. 교회 밖의 불신자가 문제가 아니라 교회 안의 불신자들이 문제입니다. 그러므로 교회 안의 불신자들을 전도해야 하는 것입니다. 이 사명을 감당하기 위해서는 '십자가를 체험한 목사'가 필요합니다. 목사가 십자가를 체험하지 못했는데 무슨 수로 십자가를 자랑하고, 무슨 수로 십자가로 교인들을 인도해 내겠습니까? 목사가 되겠다고 선지동산을 찾은 신학도들도 십자가를 체험해야 합니다. 신학 이론만 배워서 목회를 할 수 없습니다.

우리가 착각하지 말아야 할 것은 교회 오래 다녔다고, 교회 봉사 많이 했다고 구원이 보장되는 것이 아닙니다. 참으로 부끄러운 것은 세상의 법정에 서서 송사하지 말라는 하나님의 말씀을 가르치는 목사들이 앞장서서 세상 법정에 송사를 합니다. 교회가 세상 사람들로부터 수치를 당하고 하나님의 영광을 가립니다. 교회가 세상을 염려하고, 세상의 빛과 소금의 역할을 해야 하는데 오히려 세상이 교회를 염려하고, 재판장이 목회자를 염려하고 훈계합니다. 참으로 하나님께 죄송합니다. 예수님은 심판날에 주의 이름으로 선지자 노릇하며, 주의 이름으로 귀신을 쫓아내며, 주의 이름으로 많은 권능을 행했다고 하는 자들을 향하여

"내가 너희를 도무지 알지 못하니 불법을 행하는 자들아 내게서 떠나가라(마 7:23)."고 하셨습니다.

주의 이름으로 선지자 노릇을 하고 주의 이름으로 귀신을 쫓아 내며, 주의 이름으로 많은 권능을 행하였지만 저들이 불법을 행하는 자들이 된 것은 마땅히 하나님께 드려야 할 영광을 저들이 가로챘기 때문입니다. 누가 마귀가 되었습니까? 하나님이 받아야 할 영광을 가로채려 했던 천사들이었습니다. 구원의 문은 많은 일들을 행한 사람들에게 열린 것이 아니라 오직 예수 그리스도와 함께 십자가를 통과한 분에게 열리는 줄 믿습니다.

십자가

연탄가스에 중독된 사람이 병원 표시를 보고 갔는데 정작 그 병원에 '산소 탱크'가 없다면 그는 치료를 받을 수 없습니다. 산소 탱크가 없는 병원이면 그가 아무리 병원에 오래 있어도 그는 죽을 수밖에 없습니다. 병원은 병원이지만 잘못 가도 죽을 만큼 잘못 간 것입니다. 그러므로 '산소 탱크'가 있는 병원에 가는 것이 중요합니다.

이처럼 십자가가 붙어 있다고 해서, 교회라는 간판을 달았다 해서 모든 사람을 구원하는 교회가 아닙니다. 십자가! 그 십자가의 능력이 없는 교회는 절대로 죽어가는 영혼을 살릴 수 없습니다. 십자가 없이 목회하고, 십자가 없이 아무리 오랫동안 신앙생활을 했을지라도 그는 죄의 중독으로 사망에 이를 수밖에 없습니다. 그러므로 십자가의 능력이 없는 교회로 가는 것은 잘못 가도 한참 잘못 간 것이요, 영원히 잘못 간 것입니다. 그러므로 사이비나 이단에 빠지는 것은 현재뿐만 아니라 영원히 불행한 일입니다.

사도 바울에게 십자가는 단순한 문양이나 표시가 아니라 하나님의 구원의 상징이었고, 능력이었습니다. 그 십자가를 자랑하러 다니는 것이 '간증'인데 인천의 모 대형 교회에서 간증을 한 어떤 연예인은 인천의 룸싸롱에서 주먹다짐을 해서 한동안 방송 출연을 정지당하는 일도 있었습니다.

요즘 교회들이 전도가 잘 되지 않으니 앞다투어 유명 연예인들을 초청하여 집회를 갖습니다. 그들이 자신의 신앙 스토리, 어떻게 믿음으로 역경을 극복하고 성공했는지를 이야기하고, 지금 하나님이 자신을 사랑하시고 지키시고 보호하시고 인도하시고 함께하시는지를 이야기하는 것이야말로 칭찬 받을 일입니다. 그러나 정말 자신의 신앙 이야기를 하려 한다면 '예수님을 믿기 이전의 나의 모습은 어떠했는지, 자신이 어떻게 예수님을 믿게 되었는지, 그리고 예수님의 십자가 앞에 자신의 죄가 어떻게 해결했는지의 고백' 등이 있어야 합니다. 이것이 빠지면 이것은 매우 위험한 간증이 되고 말 것입니다. 그렇다면 왜 십자가를 말하지 않을까요? 그것은 그 사람이 십자가를 맞닥뜨린 경험이 없기 때문입니다. 그래서 예수님 없는 간증, 십자가 없는 간증을 하고 정작 자신은 삶에서 넘어지는 것입니다. 나아가 동일한 간증을 여러 교회에 다니면서 소위 '사례' 받는 맛에 길들여지다 보니 매너리즘에 빠지게 됩니다. 성도가 자신을 알아주는 것에 자만하게 되고 결국 예수 그리스도를 자랑하기보다는 자신을 드러내는 데 집중하게 됩니다. 그러므로 누가 되었든지 간에 예수님이 내 삶의 주인이 되고 영광의 주체가 되어야 하는 것이지 자신이 높아지는 것은 예수님을 삶의 수단으로 여기는 악한 죄를 짓는 것입니다.

> 십자가 십자가 내가 처음 볼 때에
> 나의 맘에 큰 고통 사라져
> 주를 믿고서 내 눈 밝았네
> 참 내 기쁨 영원하도다

오늘도 수많은 사람이 느끼는 마음의 고통은 '죄의 고통'입니다. 그 '죄의 고통'에서 어떻게 해결함을 받을 수 있을까요? 다른 방법은 없습니다. 죄의 목을 비틀어서라도 예수 그리스도의 십자가 앞으로 끌고 와야 합니다. 예수님을 만나고, 십자가를 통과해야 그 고통이 변하여 영원한 기쁨이 되며 슬픔이 변하여 기쁜 찬송이 될 것입니다. 자신을 주님의 십자가 안에 겸손히 들여보내시지 않겠습니까?

> 내가 그리스도와 함께 십자가에 못 박혔나니 그런즉 이제는 내가 사는 것이 아니요 오직 내 안에 그리스도께서 사시는 것이라 이제 내가 육체 가운데 사는 것은 나를 사랑하사 나를 위하여 자기 자신을 버리신 하나님의 아들을 믿는 믿음 안에서 사는 것이라(갈 2:20).

5장

복음의 능력

내가 복음을 부끄러워하지 아니하노니 이 복음은 모든 믿는 자에게 구원을 주시는 하나님의 능력이 됨이라 먼저는 유대인에게요 그리고 헬라인에게로다(롬 1:16).

진짜 참기름

시골 부부가 서울에 올라와 참기름을 먹어 보고 이거다 싶어 토종 참기름을 만들어 장사하면 잘될 것이라고 생각하여 가게를 열었습니다. 처음에는 순수한 시골 진짜 참기름 맛에 날개 돋친 듯 팔려 나갔습니다. 그런데 어느 날부터 손님이 뚝 끊어졌습니다. 참기름이 안 팔리는 원인을 파악하기 위하여 주변을 살폈더니 얼마 떨어지지 않은 가게에 이런 글귀가 쓰여 있었습니다.

"순 진짜 참기름 팝니다!"

자신들의 가게 이름은 '참기름 집'이었는데 그 가게의 이름은 '순 진짜 참기름집'이라고 하니까 사람들이 그곳으로 몰려 간 것입니다. 사람들의 얕은 마음을 읽을 수 있는 이야기입니다. 대한민국 어느 지역을 가든 흔하게 볼 수 있는 것이 바로 '상표 전쟁'입니다.

'원조 국밥' 옆에 '원조할머니 국밥' 그 옆에 '30년 전통 원조할머니 국밥'! 서로가 자신이 원조라고 합니다. 홍천에 가면 '화로구이'가 유명합니다. 저마다 원조 화로구이라는 간판을 걸어 놓았습니다. 강원도 안흥은 찐빵으로 유명합니다. '안흥찐빵'이 유명한데 안흥찐빵을 처음에 만들어 팔았던 분은 정작 상표등록을 남이 선점해 버려서 사용하지 못한다는 기사를 보았습니다. 이렇게 우리가 사는 사회에는 '원조' 전쟁이 있습니다. 이 상표를 보며 복음을 생각했습니다. 오늘 복음이 바로 이런 참기름, 화로구이, 찐빵 같은 대접을 받습니다. 복음을 복음 그대로 전하면 아무도 들으려고 하지 않습니다. 그 복음에다 갖은 미사여구를 붙여서 포장해야 들으려고 합니다. 그냥 복음보다는 첨가된 복음, 재미있는 복음을 들으려고 합니다. 진짜 참기름은 미사여구가 필요 없습니다. 그저 먹어 보면 압니다. 왜냐하면 진짜이기 때문입니다.

오늘날 왜 가짜가 많고, 짝퉁이 많을까요? 오리지널, 진짜가 있기 때문입니다. 이단이 있고, 사이비가 있다는 말은 바로 진짜가 있다는 말입니다.

부흥의 비결

어느 세미나에 교회를 크게 부흥시킨 목사님이 강사로 나섰습니다. 참석자 중 젊은 목사님이 질문했습니다.

"목사님, 교회 부흥의 비결이 무엇입니까?"

목사님이 이렇게 대답했습니다.

"십자가를 설교하는 것입니다."

참석자가 다시 물었습니다.

"그것 말고 진짜 교회 부흥의 비결이 무엇입니까?"

다시 강사가 대답합니다.

"십자가를 설교하는 것입니다."

다시 참석자가 물었습니다.

"그것은 다 아는 것이고요, 목사님만의 비법을 말씀해 주세요."

강사가 대답합니다.

"십자가를 설교하는 것입니다."

여기 십자가 말고 다른 것을 찾는 목사의 모습이 오늘 우리의 모습은 아닐까요? 교회가 부흥하기 위하여 복음 외에 다른 무엇이 필요한 것일까요? 십자가 외에 다른 무엇이 필요한 것일까요? 정말 교회에 주님께서 주신 복음이 선포되고, 주님의 십자가가 선포된다면 교회다운 교회, 성장하는 교회, 부흥하는 교회가 되지 않겠습니까?

결국 복음 외에 다른 것을 찾는 것은 복음을 부끄러워하는 것이고, 십자가를 경홀히 여기는 것입니다. 사도 바울은 복음을 부끄러워하지 않았습니다. 이전의 바울은 율법을 지키는 것이 하나님의 뜻을 이루는 길이라고 생각했습니다. 그러나 다마스커스 도상에서 예수님을 만난 후에 180도 변화되었습니다. 율법이 아니라 예수 그리스도의 십자가의 은혜가 구원을 가져다주는 하나님의 능력임을 알았습니다. 그러므로 십자가 없는 복음은 복음이 아닙니다. 복음을 대수롭지 않게 여기거나, 경홀히 여기거나 부끄러워하는 사람은 구원 받은 성도가 아닙니다.

복음 법칙

복음이 무엇입니까? 한 문장으로 말하면 이것입니다.
"하나님께서 나를 사랑하십니다!"

이 사실이 복음 중의 복음입니다. 이 복음 때문에 우리가 감격하는 것입니다. 성도에게 복음이 무엇인지를 물으면 쉽게 대답을 못합니다. 몇 십 년 신앙생활 하신 분도 예외가 아닙니다. 왜 그럴까요? 복음을 정확하게 가르쳐 주지 않았기 때문입니다. 그러므로 우리를 구원에 이르게 하는 예수 그리스도의 복음은 바로 이것입니다. 저는 이것을 '복음 법칙'이라고 부릅니다.

① 하나님은 나를 사랑하십니다.
② 나는 죄인입니다.
③ 예수님께서 나를 위해 죽으셨습니다.
④ 나는 예수님을 믿습니다.
⑤ 나는 구원 받았습니다.

적지 않은 크리스쳔에게 복음이 무엇이냐고 물으면 우물쭈물하거나 장황하게 설명하려다 포기하는 경우를 종종 볼 수 있습니다. 그러므로 모든 그리스도인은 이 '복음 법칙'을 마음 깊은 곳에 새겨 놓아야 합니다. 복음은 우리를 향한 '하나님의 사랑'입니다. 그 '하나님의 사랑'은 성경을 통해서 우리에게 전달되고 있습니다. 성경은 하나님이 나를 얼마나 사랑하시는지를 기록한 편지입니다. 그 하나님의 사랑은 주님의 몸 된 교회(공동체)를 통해서 전달되고 선포되고 있습니다. 그래서 하나님의 사랑을 알면 감격하지 않을 수 없습니다. 하나님의 사랑을 입게 되면 하나님의 역사가 믿어지게 됩니다. 하나님의 위대하심과 그 구원의 역사를 다 이해하지 못할지라도 하나님의 사랑은 믿어지게 됩니다.

결혼의 이유

남녀가 사랑하게 되면 따라오는 것이 무엇입니까? 사랑의 행위입니다. 신혼부부가 싸움 끝에 신부가 신랑을 향해서 말합니다.
"내가 빨래하려고 결혼했나? 밥하려고 결혼했나?"
신랑이 신부를 향해 말합니다.
"내가 돈 벌어다 주는 기계야!"
참으로 어리석은 생각과 말이 아닐 수 없습니다. 신부는 밥하고 빨래해 주려고, 신랑은 돈 버는 기계처럼 살기 위해서 결혼한 것이 아니라 사랑해서 맛있게 밥도 짓고, 빨래도 하고, 사랑해서 열심히 일해 월급을 가져다주는 것인데 말입니다. 그 신랑과 신부 사이에 가장 중요한 것은 서로에 대한 사랑입니다. 사랑이 충만하면 그 뒤에 사랑의 행위가 따라 오게 되어 있습니다.

십자가 고난의 이유

예수님이 왜 십자가의 고난을 당하셨습니까? 우리를 그만큼, 십자가에 자신을 내어 줄 만큼 사랑하기 때문입니다. 이처럼 사랑에는 무한한 능력이 포함되어 있습니다. 그러므로 십자가에는 하나님의 사랑이 들어 있고, 사랑의 능력이 들어 있는 것입니다.

능력 없는 사랑은 가짜입니다. 희생 없는 사랑은 가짜입니다. 자식에 대한 부모의 사랑은 다른 말로 '희생'이란 말과 같습니다. 사랑하기에 부모가 자식을 위하여 희생을 하는 것입니다. 하나님은 '십자가에서 자신을 희생의 제물'로 내어 주심으로 우리에 대한 사랑을 확증(롬5:8)하셨습니다. 예수님이 십자가를 지기 전 '십자가'는 흉악한 죄인을 처형하는 사형 도구였습니다. 그래서 십자가는 저주의 상징이었고 거리끼는 것이었습니다. 그러나 주님이 십자가를 지심으로 이제 십자가는 우리의 자랑이 되었습니다. 그래서 사도 바울은 십자가의 은혜를 깨달은 후로 그 십자가를 부끄러워한 것이 아니라 평생 자랑했고, 목숨 걸고 증거했던 것입니다.

죄의 능력

어떤 사람이 작은 사막을 횡단하는 모험을 하기로 했습니다. 많은 사람이 응원하였고 지켜보았습니다. 물도 먹지 못하고 사흘을 견디면서 결국 사막을 횡단하는 데 성공하였습니다. 그리고 기자가 물었습니다.
"사막을 걷는데 가장 힘든 것이 무엇이었습니까? 역시 물이었죠?"
그 사람이 대답했습니다.
"아니오! 가장 힘든 것은 신발에 모래가 들어오는 것이었습니다. 모래는 털어 버리고 털어 버려도 계속해서 들어왔습니다. 그것이 가장 힘들었습니다."
'죄'라는 것이 이와 같습니다. 아무리 털어 버려도 죄는 계속해서 우리의 삶을 파고 들어오고, 우리를 죄의 노예로 삼고자 합니다. 우리 힘과 의지만으로는 도저히 죄가 내 삶 속에 들어오는 것을 막을 수가 없습니다. 왜냐하면 '죄'도 능력이 있기 때문입니다. 죄의 능력은 모든 사람을 죽음으로 이르게 할 만큼 충분합니다. 이 죄의 능력을 이길 수 있는 것이 세상에 없습니다. 옛 속담에 이르기를 "바늘 도둑이 소 도둑 된다."고 했습니다. 작은 것을 훔치는 것이 점점 커져서 더 큰 것을 훔치는 사람이 된다는 것입니다. 이 속담은 죄의 능력을 단적으로 드러내는 말입니다. 이러한 '죄의 능력'을 이길 수 있는 유일한 방법은 '십자가의 능력', '예수 그리스도의 보혈의 능력' 밖에 없습니다. 그러므로 모든 사람이 죄의 문제를 해결하기 위해서는 예수 그리스도의 십자가 앞에 나아가야 합니다. 사람이 죄를 짓고, 발각이 되면 법에 따라 '죄의 대가'를 지불해야 합니다. 죄의 대가를 지불하는 방법은 크게 세 가지입니다.

첫째 벌금형, 둘째 금고형, 셋째 사형입니다. 모든 인류가 죽음에 이르게 되었다는 것은 사형 판결을 받았다는 말입니다. 우리는 우리의 죄 때문에 사형 판결을 받았습니다. 이 지구상에 사는 사람들은 각기 문화와 역사가 다릅니다. 그러나 유일한 공통점이 있습니다. 그것은 모든 인생은 반드시 죽음을 맞이한다는 것입니다.

> 한번 죽는 것은 사람에게 정해진 것이요 그 후에는 심판이 있으리니 (히 9:27).

성경은 아담과 하와가 죄를 지은 후 수명에 제한을 받았음을 기록하고 있습니다. 이것은 사람이 처음 지음 받았을 때 '죽음'과는 상관없는 존재였다는 뜻입니다. '죄'가 들어옴으로써 하나님과 사람 사이에 단절이 생기게 되었고, 죽음이라는 죄의 심판을 받게 된 것입니다.

그러므로 죄의 문제를 해결할 수 있다면 사람은 영생의 삶을 살 수 있습니다. 이러한 영생의 문제를 해결하는 두 가지 시도가 있습니다. 하나는 세상의 지식으로 해결하려는 시도입니다. 철학, 과학, 의학 등 수많은 인본주의적 방법이 있습니다. 이들은 세포가 노화하는 것을 발견하였고, 어떻게 하면 그 노화를 방지할 수 있는지, 사람의 수명을 얼마나 연장할 수 있는지를 연구합니다. 다른 하나는 예수 그리스도 앞에 나아가는 것입니다.

신학은 죽음이 아닌 '죄'의 문제에 초점을 맞춥니다. 왜냐하면 '죄' 때문에 죽음이 왔기 때문에 죄를 해결하면 죽음의 문제를 해결하기 때문입니다. 사람의 죽음이 '죄' 때문이라고 믿는 것 자체가 하나님의 존재를 인정하는 것입니다. 왜냐하면 사람의 죄는 하나님께 지은 것이기 때문입니다. 성경은 그 노화의 문제, 죽음의 문제에 대하여 명쾌하게 말씀합니다.

> 욕심이 잉태한즉 죄를 낳고 죄가 장성한즉 사망을 낳느니라(약 1:15).

사람이 죽는 것은 단순히 세포가 노화되기 때문이 아닙니다. 죽음의 원인은 하나님 앞에 지은 죄에 있으며 죄가 장성하여 마침내는 사망을 낳는 것이라고 말씀합니다. 이것보다 확실하게 죽음의 원인에 대하여 말할 수 있는 것은 없습니다.

어떤 사람이 평생 늙지 않으면 좋겠다는 소원을 가졌습니다. 그래서 하나님께 기도했더니 소원을 들어 주셨습니다. 세월이 흘러 사랑하는 아내도 늙고, 자식도 늙고, 친구도 늙는데 자신만 젊으니 그것이 바로 축복이 아니라 저주라는 사실을 깨달았습니다. 나 혼자만 안 늙고 안 죽고 오래 살면 행복한 것이 아닙니다. 사랑하는 사람들과 함께 늙고 함께 천국 가는 것이 진정한 축복입니다. 천국이라는 곳이 아무리 좋아도 나 혼자 산다고 하면 결코 천국일 수 없을 것입니다. 영생도 나 혼자 하는 영생이라면 저는 차라리 영생하지 않는 편을 택할 것입니다. 그러므로 그리스도인의 영생은 하나님과의 영생이요, 이 땅에서 믿음으로 함께 동역하고 사랑했던 사람들과의 영생임을 기대하시기 바랍니다.

자유하게 하는 믿음

2차 대전이 끝난 후 50년이 지난 후 인도네시아의 밀림 속에서 일본군을 발견했습니다. 그는 전쟁이 끝났다는 사실을 모르고 있었습니다. 그는 계속 전쟁 중에 살았던 것입니다. 이 사람을 발견하여 전쟁이 끝났다고 해도 처음에는 믿지 않았다고 합니다. 탈영한 자신을 체포하러 온 줄 알았다고 합니다. 나중에야 전쟁이 끝났다는 사실을 믿고 일본으로 돌아갔습니다. 그가 믿고 돌아갔을 때가 그에게는 진정으로 전쟁을 끝난 것이었습니다. 비로소 자유인이 되었습니다.

복음을 통한 죄 사함의 비밀도 이와 같습니다. 예수님이 십자가에서 대신 죽어 주셔서 죄를 용서받았다는 사실을 모르는 사람 그리고 그 사실을 인정하지 않는 사람은 밀림 속 일본 군인과 같은 사람입니다. 그러므로 예수님이 내 죄를 대신하여 십자가에 죽어 주심을 믿을 때 비로소 죄를 용서받고, 죄 사함의 자유를 누리게 될 것입니다.

> 내가 복음을 부끄러워하지 아니하노니 이 복음은 모든 믿는 자에게 구원을 주시는 하나님의 능력이 됨이라 먼저는 유대인에게요 그리고 헬라인에게로다 (롬 1:16).

> 십자가의 도가 멸망하는 자들에게는 미련한 것이요 구원을 받는 우리에게는 하나님의 능력이라 (고전 1:18).

복음이 무엇이라고요? 복음은 하나님의 능력입니다! 여기에 똑같은 만 원짜리 지폐가 두 장 있는데 하나는 위조지폐이고, 하나는 진짜입니다. 어떤 차이가 날까요? 일반적인 눈으로는 구별할 수없이 똑같습니다. 그것을 사용하지 않을 때는 어떤 것이 진짜인지 모릅니다. 그러나 진짜 만 원권인지를 알 수 있는 것은 그 돈으로 물건을 살 때 알 수 있습니다. 왜냐하면 가짜 만 원권은 물건을 살 수 있는 능력이 없기 때문입니다. 가짜 만 원은 구매 가치가 없고, 구매 능력이 없습니다. 즉 가짜는 필요할 때 쓸 수 없습니다. 그러나 진짜 만 원권은 만 원의 가치를 하는 물건을 얼마든지 구매할 수 있는 능력이 있습니다. 이처럼 누가 가짜이고 누가 진짜 그리스도인인지는 평상시에는 잘 구별을 못 할 수 있지만 위험이 오고 환난과 시련이 찾아오면 확연히 알 수 있습니다. 가짜 그리스도인은 고난 앞에서 아무런 능력을 발휘할 수 없습니다. 겉모습만 그리스도인인 사람은 하나님이 사용하실 수가 없습니다. 그러나 진짜 그리스도인은 복음의 능력으로 믿음의 힘을 발휘합니다. 믿음으로 고난을 이기고 나아갑니다. 믿음으로 온전히 주님을 바라봅니다.

복음의 능력

세상 이야기는 반복하면 지루합니다. 반복하면 더 이상 들어주는 사람이 없습니다. 좋은 꽃노래도 삼세번이면 지루합니다. 세상 유행가는 5주가 지나면 정상의 자리에서 내려옵니다. 그러나 복음은 반복할수록 위력이 나타납니다. 복음은 선포될수록 능력이 나타납니다. 복음은 듣고 또 들어도 지루하지 않습니다. 왜냐하면 그 복음 안에 '생명'이 있기 때문입니다. 복음의 능력은 생명력입니다. 이 생명력은 죽음에서 부활하는 어마어마한 능력으로써 사람에게서 나는 것이 아니요 전적으로 하나님 아버지로부터 임하는 능력입니다.

어느 교회가 부흥할까요? 교회 건물을 잘 지은 교회입니까? 사람들이 많이 왕래하는 곳에 위치한 교회입니까? 절대로 그렇지 않습니다. 오직 예수 그리스도의 복음이 선포되는 교회에 능력이 임하고 부흥이 일어납니다.

스펄전(Charles Haddon Spurgeon, 1834-1892) 목사님은 영국 역사상 가장 화려한 시기인 빅토리아 시대에 사역했는데 언제나 마지막 설교를 하는 심정으로 강단에 섰다고 합니다. 언제나 설교의 핵심은 '예수 그리스도가 우리 죄를 담당하시고 죽으셨다는 것'이었습니다. 그렇습니다! 복음의 핵심은 예수 그리스도입니다. 이 복음이 변질되면 인간 중심의 복음이 됩니다. 마치 알라딘 요술램프를 흔들면 거인이 나타나서 모든 소원을 들어주는 것처럼 복음을 흔들면 하나님으로부터 원하는 것을 얻을 수 있다고 생각합니다. 칼 막스가 '종교는 아편이다'고 한 말은 이런 연유에서입니다. 아편은 인간을 파멸로 만들어 버리는 악한 것 아닙니까?

그런데 막스는 기독교를 아편과 같은 존재로 생각했습니다. 왜냐하면 예수 그리스도의 복음을 알지 못했기 때문입니다. 예수 그리스도가 주변이 되어 버린 인간 중심의 복음은 정말 아편과 같습니다. 인간 중심의 복음은 삶의 탈출구로서의 기능만을 요구합니다. 그러나 진정한 복음은 삶의 탈출구 또는 피안의 세계를 갈망하게 하는 것이 아니라 삶에서의 변화와 성숙을 가져오게 합니다. 그러므로 예수 그리스도의 복음은 우리의 삶을 변화와 성숙으로 이끌어 가는 능력입니다. 오직 예수 그리스도의 복음만이 '죄의 삶'에서 '의의 삶'으로 변화시킬 수 있는 능력이 있습니다.

존 뉴턴은 어려서부터 아버지를 따라 배를 탔고 나중에 선장이 되었습니다. 그것도 노예를 팔아먹는 선장이었습니다. 어느 날 배에서 토마스 아켐퍼스의 『그리스도를 본받아』라는 책을 읽던 중 회심을 하여 성공회 목회자가 되었습니다. 뉴턴이 말년에 병이 들어 기억을 잃어버리기 시작하자 많은 사람이 병문안을 와서 물었습니다.

"제가 누군지 아십니까?"

"모르겠네!"

"목사님! 당신이 누군지 아십니까?"

"그럼 내가 누구인지는 알지! 나는 죄인이며 나를 위해 예수님께서 십자가에 죽으셨다는 것을 죽기까지 기억할 걸세!"

그 존 뉴턴이 쓴 찬송시가 바로 "Amazing Grace"입니다. 이 메시지를 읽는 모든 형제, 자매들이여 주님 앞에 가는 그날까지! 주님 다시 오시는 그날까지 예수 그리스도의 복음으로 그 복음의 능력으로 승리하기를 바랍니다.

6장

예수 이름으로

믿는 자들에게는 이런 표적이 따르리니 곧 그들이 내 이름으로 귀신을 쫓아내며 새 방언을 말하며 뱀을 집어올리며 무슨 독을 마실지라도 해를 받지 아니하며 병든 사람에게 손을 얹은즉 나으리라 하시더라(막 16:17-18).

그 이름의 능력

런던 시내에 부자 한 사람이 그의 집안일을 돌보는 가정부를 한 명 고용했습니다. 그 가정부는 부자를 20년 동안 충성스럽게 섬겼습니다. 어느 날 부자가 임종할 때를 알고 가정부를 불렀습니다. 그리고 그동안의 수고에 감사하다는 뜻으로 종이 한 장에 몇 글자를 쓰더니 그녀에게 주었습니다. 집 주인이 세상을 떠나자 그 집의 주인이 바뀌게 되었고, 그 여인도 그 집에서 나왔습니다. 그 여인은 런던 교외에 작은 판잣집을 짓고 살았습니다. 그리고 그 부자가 준 종이를 기념하여 벽에다 핀으로 꽂아 놓았습니다. 몇 년이 지난 뒤 그녀는 병들게 되었고 영국 부흥운동의 주역이요, 명설교가였던 스펄전 목사님이 그녀를 심방하게 되었습니다. 목사님은 심방 후에 벽에 붙어 있는 종이를 보았습니다. 그리고 그녀로부터 종이에 관한 이야기를 들을 수 있었습니다. 목사님이 물었습니다.

"글을 읽을 줄 아십니까?"

"아니요 저는 글을 배운 적이 없습니다."

"부인, 이 종이는 보통 종이가 아닙니다. 이 종이는 수백만 달러의 수표입니다. 당신은 이렇게 누추한 환경에서 살지 않아도 됩니다. 당신은 좋은 주택을 구입해서 좋은 음식을 먹고 살 수 있었습니다. 그런데 지금은 때가 너무 늦었습니다."

사랑하는 지체 여러분!

"예수 그 이름을 알고 계십니까?"

"네, 그 이름을 알고 있습니다. 그리고 예수님을 믿습니다."

"그러면 예수 그 이름의 능력 알고 계십니까?"

"네! 성경을 통해, 설교를 통해 충분히 들어서 알고 있습니다."

"그렇다면 그 이름의 능력을 날마다 사용하고 있습니까?"

"…?"

예수님의 이름을 사용하는 것은 마치 이 여인이 가지고 있던 수표와도 같은 것입니다. 하나님은 우리에게 예수 그리스도라는 이름을 서명해 놓으신 백지수표를 주셨습니다. 문제는 오늘 그리스도인들이 이 수표를 사용하지 않고 있다는 사실입니다. 이 시대를 살아가는 그리스도인의 약점이 무엇입니까? 예수님의 이름을 듣는 데서 끝나고, 그 이름을 알고 있는 데서 끝난다는 것입니다.

신앙생활 좀 했다는 사람조차도 예수 그리스도의 능력을 인정하는 데서 끝난다는 것입니다. 오늘 그리스도인들의 심각한 문제는 예수 그리스도 그 이름의 능력을 사용하지 못하고 있다는 사실입니다. 성도는 예수 그 이름의 능력을 목회자의 전유물로 생각하고 목회자의 입에서 언급되는 것으로 만족하고 자신의 입에 담으려고 하지 않는다는 사실입니다. 물론 마음으로 예수 그리스도를 믿지도 아니하고 그분의 창조주 되심과 우리의 구원자 되심을 고백하지도 않으면서 마치 부적처럼 또는 주문 외우듯이 예수의 이름을 사용한다고 해서 그 이름의 능력이 나타난다고 생각하는 것은 매우 어리석은 생각이며 그런 사람의 삶에 예수 이름의 능력이 나타날 리 만무합니다.

　1억짜리 자동차를 구입했습니다. 너무 비싼 자동차니까 차고에 얌전히 모셔 두어야 합니까? 타고 다니다 보면 주차장에서 흠집도 날 수 있고, 접촉 사고가 나서 찌그러질 수 있으니 자동차 커버를 씌워 놓고 가끔 생각나면 구경이나 해야 합니까? 아닙니다. 차를 구입한 목적은 그 자동차를 사용하기 위함입니다. 자동차를 이용하여 자신의 일도 하고 쇼핑도 하고 여행도 하면서 누릴 수 있어야 합니다.

　우리가 믿고 의지하는 만왕의 왕이신 예수 그리스도! 온 우주 만물의 창조자이시자 주인이신 그 영광스럽고 위대한 이름을 사용하지 않은 채 영혼 한쪽 구석에 고이 모셔 놓고 있다니! 성령님은 그 이름 예수를 앞세우고, 그 이름 예수를 선포해서 오늘도 우리 안에 하나님의 새 역사, 새 일을 창조해 나가길 원하십니다.

　"아! 나는 그동안 너무 예수 그 이름의 위대함과 그 이름의 능력을 너무 적게 사용했구나!"

　예수 그 이름의 권위 앞에 세상은 무릎 꿇게 되어 있습니다. 그러므로 예수님의 이름을 가진 사람이 세상에서 가장 부요한 사람입니다. 예수 이름을 가진 사람이 세상에서 가장 능력 있는 사람입니다. 초대교회 사도는 예수님의 이름으로 세상을 변화시켰습니다. 베드로와 요한이 예루살렘 성전에 기도하러 올라가다가 앉은뱅이를 만났습니다.

> 베드로가 이르되 은과 금은 내게 없거니와 내게 있는 이것을 네게 주노니 나사렛 예수 그리스도의 이름으로 일어나 걸으라 하고(행 3:6).

베드로와 요한은 앉은뱅이를 어떻게 고쳤습니까? 자신들의 이름이 아니라 '나사렛 예수 이름으로!' 분명한 것은 베드로나 요한의 이름이 아닌 예수의 이름이었습니다. 베드로와 요한은 예수 그리스도의 십자가와 부활을 경험했습니다. 그리고 그 이름에 위대함, 그 이름의 능력을 깨달았고 그 이름을 사용하고 있습니다.

오늘날을 사는 크리스천에게도 베드로와 요한처럼 예수님의 이름은 여전히 중요합니다. 우리는 예수님의 이름으로 영생을 얻습니다. 예수님의 이름을 힘입어 구원을 받았습니다. 예수님의 이름으로 병 고침을 받고, 예수님의 이름으로 마귀를 물리칩니다. 그러므로 우리에게 필요한 것은 예수 그 이름의 권세를 알고, 그 이름의 권세를 사용하는 것입니다.

영적인 가난의 원인

오늘 우리의 문제는 예수님의 이름을 소유하고도 사용하지 않아서 영적으로 가난하게 살고 있다는 것입니다. 예수님의 이름은 세상에서 가장 강력한 이름입니다. 이 이름보다 더 높은 이름이 없습니다. 김일성, 김정일, 김정은 삼부자의 이름을 아무리 우상화해도 예수 그 이름보다 높을 수 없습니다.

사담 후세인이라는 이름이 이라크 국민을 수십 년 동안 공포에 떨게 했지만 이제 그 이름에는 더 이상 능력이 없습니다. 40년 철권통치를 한 리비아의 '카다피'도 비참하게 죽었습니다. 네로, 징기즈칸, 알렉산 더, 나폴레옹, 히틀러, 스탈린, 모택동, 등소평 등 역사 속의 한 시대를 주름잡았던 수많은 이름들도 이제는 아무런 힘이 없습니다. 아무리 훌륭한 이름이라도 죽은 사람의 이름은 힘을 발휘할 수 없습니다. 능력을 발휘할 수 없습니다. 그러나 2천 년 전에 이 땅에 오신 예수 그리스도! 그 이름 앞에 온 천하만국 백성이 열광하며 무릎을 꿇고 경배와 찬양을 드리고 있습니다. 왜 그럴까요?

예수 그리스도는 지금도 우리 가운데 살아 역사하시기 때문입니다. 예수님은 전지전능하신 하나님, 무소부재의 하나님, 하늘과 땅의 모든 권세를 가지신 분이십니다. 그 놀라우신 예수님이 우리에게 그 이름의 능력을 위임해 주셨습니다.

> 믿는 자들에게는 이런 표적이 따르리니 곧 그들이 내 이름으로 귀신을 쫓아내며 새 방언을 말하며 뱀을 집어올리며 무슨 독을 마실지라도 해를 받지 아니하며 병든 사람에게 손을 얹은즉 나으리라 하시더라(막 16:17-18).

제자들이 무슨 방법으로 귀신을 쫓아내며 방언을 말하며 뱀을 집으며 독을 마시며 병든 사람에게 손을 얹을 수 있습니까? 예수님의 이름으로 가능합니다. 우리가 하나님 앞에 기도합니다. 하나님께 구할 것들이 참으로 많습니다. 그런데 무슨 근거로 구할 수 있습니까? 나의 이름도 아니고, 대통령의 이름도 아닙니다. 오직 예수님 이름으로 구할 수 있습니다.

너희가 내 이름으로 무엇을 구하든지 내가 행하리니 이는 아버지로 하여금 아들로 말미암아 영광을 받으시게 하려 함이라 내 이름으로 무엇이든지 내게 구하면 내가 행하리라 (요 14:13-14).

두세 사람이 내 이름으로 모인 곳에는 나도 그들 중에 있느니라 (마 18:20).

또 누구든지 내 이름으로 이런 어린 아이 하나를 영접하면 곧 나를 영접함이니 (마 18:5).

보혜사 곧 아버지께서 내 이름으로 보내실 성령 그가 너희에게 모든 것을 가르치고 내가 너희에게 말한 모든 것을 생각나게 하리라 (요 14:26).

모든 크리스천은 아버지 되시는 하나님께 구할 수 있는 자격이 있습니다. 구하되 예수의 이름으로 구하라는 것입니다. 모이되 예수님의 이름으로 모이며, 어린아이를 영접하되 예수님의 이름으로 영접하라는 것입니다. 나아가 하나님께서 이 땅에 성령을 보내실 때에도 예수의 이름으로 보내셨습니다. 그러므로 하나님 앞에서 예수 이름으로 구하지 않는 모든 것은 무효입니다. 예수 이름으로 구하지 않는 것은 효력을 발휘할 수 없습니다. 그러나 예수 이름으로 구하는 모든 것은 효력이 발생합니다. 왜냐하면 예수 그 이름에 권세와 능력이 있기 때문입니다.

주 안에서 지체된 형제자매들이여! 권세 있는 사람으로 살고 싶습니까? 아니면 권세와 무관한 사람으로 살고 싶습니까? 이왕이면 다홍치마라고 권세 있는 사람으로 살고 싶은 것이 사람의 마음입니다. 그리스도인은 세상을 살되 예수 이름의 권세를 힘입어 사는 사람을 말합니다.

여인의 능력

신호등이 고장난 사거리에서 연약해 보이는 여자 한 명이 호루라기를 불면서 차량을 소통시키고 있습니다. 한쪽에서 거대한 8톤 덤프트럭이 달려오고 있습니다. 그러나 그 여자가 손을 들자 정지선에 서고 맙니다. 어찌된 일입니까?

그 여자가 바로 교통경찰이기 때문입니다. 아무리 힘이 센 차가 온다 할지라도 경찰이라는 권세 앞에서는 수신호를 지켜야 하는 것입니다. 교통법규를 위반해서 스티커를 발부하면 여지없이 따라야 합니다. 대통령의 권세로 사면령을 내리면 사형수도 석방되는 것입니다. 이처럼 권세가 좋은 것이기에 세상 사람이 그토록 권세의 자리를 갖고 싶어 하는 것입니다. 그러나 세상의 권세보다 더 큰 권세가 있으니 곧 예수님의 권세입니다.

> 영접하는 자 곧 그 이름을 믿는 자들에게는 하나님의 자녀가 되는 권세를 주셨으니 이는 혈통으로나 육정으로나 사람의 뜻으로 나지 아니하고 오직 하나님께로부터 난 자들이니라(요 1:12-13).

하늘과 땅의 모든 권세는 우리 주 예수 그리스도의 것입니다(마 28:18). 그리고 우리가 예수님을 믿는 순간 우리는 하나님의 자녀가 되는 권세를 받게 됩니다.

> 예수님 권세 예수님 권세 예수님 권세 내 권세
> 주의 이름을 부르는 자는 구원을 얻으리로다
> 주의 이름을 부르는 자는 구원을 얻으리로다

이 얼마나 신나고, 기쁘고, 행복한 일입니까? 권세를 'Authority'라고 하며 권세와 같은 말이 '권능'입니다. 예수님의 이름에 권세가 있고, 성령님의 역사 속에 권능이 있습니다. 그러므로 마귀는 예수 이름을 무서워하며 성령의 능력 앞에 도망하는 것입니다.

> 예수께서 그의 열두 제자를 부르사 더러운 귀신을 쫓아내며 모든 병과 모든 약한 것을 고치는 권능을 주시니라(마 10:1).

> 내가 너희에게 뱀과 전갈을 밟으며 원수의 모든 능력을 제어할 권능을 주었으니 너희를 해칠 자가 결코 없으리라(눅 10:19).

주님께서 원수 마귀의 모든 능력을 제어할 권세를 자녀된 우리 모두에게 주셨습니다. 이것을 믿기 바랍니다. 우리가 예수님의 이름을 믿는 순간 세상의 모든 악한 것을 제어할 수 있는 권세와 능력을 위임받는 것입니다. 그런데 우리가 알아야 할 것은 원수 마귀도 능력이 있다는 사실입니다. 마귀는 결코 만만한 존재가 아닙니다. 마귀는 하나님의 영광을 가로채려던 천사였습니다. 마귀는 아담과 하와를 유혹하여 죄를 짓게 했습니다. 에덴을 상실하게 했습니다. 하나님과 멀어지게 했습니다. 심지어 마귀는 하나님의 아들 예수님도 시험했습니다. 예수 그리스도를 십자가에 못 박기까지 시험했습니다. 베드로 사도는 마귀가 우는 사자와 같이 두루 다니며 삼킬 자를 찾는다고 경고했습니다.

마귀는 악합니다. 마귀는 교만합니다. 마귀는 질서를 무너뜨립니다. 마귀는 권위에 도전합니다. 마귀는 사람들의 행복을 시기합니다. 마귀는 공동체를 파괴하며, 가정을 파괴하며, 생명을 경시하게 만들고, 말씀 듣는 것을 방해하며 모든 거짓으로 사람들을 지옥 길로 인도하려고 합니다. 그러나 마귀가 만만한 존재는 아니지만 두려워하지 마십시오! 왜냐하면 우리 안에 살아 역사하시는 주께서 마귀의 일을 멸하셨기 때문입니다. 마귀가 십자가에서 예수님의 발꿈치를 상하게 했지만 예수님께서 부활하심으로써 마귀의 머리를 짓밟으셨습니다. 마귀가 아무리 날뛰어 봤자 타락한 천사요, 타락한 피조물에 불과합니다. 창조주이신 하나님 앞에 비교가 되지 않는 존재입니다. 그러므로 예수님의 이름으로 마귀를 쫓아내십시오! 예수 그리스도 그 이름 앞에 마귀는 도망가게 되어 있습니다. 한번은 예수님께서 칠십 인의 전도대를 만들어 각 고을로 파송하였습니다. 칠십 인이 돌아와 전도보고를 합니다.

칠십 인이 기뻐하며 돌아와 이르되 주여 주의 이름이면 귀신들도 우리에게 항복하더이다 예수께서 이르시되 사탄이 하늘로부터 번개 같이 떨어지는 것을 내가 보았노라 (눅 10:17-18).

칠십 인의 전도대가 앞세운 것이 무엇이었습니까? 예수님의 이름이었습니다. 그러므로 예수님의 이름을 사용하십시오! 예수님의 이름을 삶 가운데 선포하십시오! 그리고 예수님의 이름으로 찬양하십시오!

1. 예수님 찬양 예수님 찬양 예수님 찬양합시다 예수님 찬양 예수님 찬양 예수님 찬양 합시다 할렐루야 할렐루야 예수님 찬양 합시다 할렐루야 할렐루야 예수님 찬양 합시다
2. 예수님 권세 예수님 권세 예수님 권세 내 권세 예수님 권세 예수님 권세 예수님 권세 내 권세 할렐루야 할렐루야 예수님 권세 내 권세 할렐루야 할렐루야 예수님 권세 내 권세
3. 예수 이겼네 예수 이겼네 예수 사탄을 이겼네 예수 이겼네 예수 이겼네 예수 사탄을 이겼네 할렐루야 할렐루야 예수 사탄을 이겼네 할렐루야 할렐루야 예수 사탄을 이겼네
4. 주의 이름을 부르는 자는 구원을 얻으리로다 주의 이름을 부르는 자는 구원을 얻으리로다 할렐루야 할렐루야 구원을 얻으리로다 할렐루야 할렐루야 구원을 얻으리로다

기도의 능력

1996년부터 1999년 8월까지 경기도 연천의 5사단 27보병연대 군종목사로 시역할 때 일입니다. 완연한 가을 매주 목요일 밤이면 백마고지를 좌우편으로 경계하는 철책 대대에 군종병과 함께 방문하였습니다. 그날도 커피와 초코파이를 가지고 초소마다 다니며 기도하고 격려한 후 새벽 3시경에 연대 정문으로 들어섰습니다. 위병 근무자가 지프차를 세웠습니다.

"목사님! 4중대장이 목사님 오시는 대로 집으로 와달랍니다."

그 순간 몸에서 전율이 살짝 느껴졌습니다. 무슨 일이 있구나! 그래서 군종병에게 피곤하더라도 예배당에서 나를 위해 기도해 줄 것을 지시한 후 중대장의 집으로 갔습니다. 그 중대장은 남동생과 함께 집 앞에 나와 기다리고 있었는데 넋이 나간 상태였습니다. 집으로 들어가니 중대장 아내는 사람을 몰라보고 씩씩거리고 있었습니다. 마귀가 역사하고 있었습니다. 어찌나 힘이 센지 남편도 시동생도 못 말렸습니다. 목사도 대적했습니다. 그 여 집사님을 붙들고 기도하고 찬양하기 시작했습니다. 그냥 찬송이 아니라 예수 그리스도 보혈의 찬송을 했습니다. 40여 분간 찬송하고, 기도하고, 찬송하고, 기도하고, 말씀을 선포하였더니 마귀가 물러갔습니다. 할렐루야!

정신이 온전히 돌아온 최 집사님이 물었습니다.

"목사님! 이 밤에 어쩐 일이세요?"

"…?"

마가복음 9장에는 귀신들린 아들을 데리고 예수님께 온 아버지가 나옵니다. 예수님께 데리고 왔습니다. 주님은 바로 귀신을 쫓아냈습니다. 제자들은 자신들은 왜 쫓아내지 못했는지 궁금했습니다. 그때 예수님께서 간단하게 말씀하십니다.

> 이르시되 기도 외에 다른 것으로는 이런 종류가 나갈 수 없느니라 하시니라(막 9:29).

주님이 우리에게 권세와 능력을 주셨지만 기도가 약해지면 권능도 약해집니다. 주님께서 우리에게 기도하라고 하신 것은 기도를 통해서 성령의 능력이 임하기 때문입니다. 예수 이름으로 기도하면 마귀가 물러가고, 병에서 치유되고, 옥문이 열립니다. 사자의 입이 봉하여지고, 태양도 멈추고 하나님의 계획까지도 변경시킵니다.

그러므로 예수님의 이름으로 기도하십시오! 예수님의 이름으로 말씀을 붙잡으십시오! 주님은 말씀으로 마귀의 유혹을 물리쳤습니다. 마귀도 말씀의 능력을 잘 알고 있습니다. 그래서 어떻게 해서든지 성도가 말씀을 듣지 못하도록 훼방합니다. 성경 암송도 못하게 합니다. 성경공부도 싫어하게 합니다. 심지어 말씀을 선포하는 목회자를 미워하게 합니다.

풀은 마르고 꽃은 시드나 오직 하나님의 말씀은 영원할 것입니다. 진리는 영원한 것입니다. 참된 진리는 힘이 있고 능력이 있는 것입니다. 말씀이신 예수님은 길이요, 진리요, 생명이요, 능력이 되신 분입니다.

예수님의 이름을 매일매일 사용하시기 바랍니다. 일상의 삶 속에서 예수 그리스도 그 존귀하신 이름을 선포하시기 바랍니다. 예수님의 이름으로 기도하고, 예수님의 이름으로 찬양하고, 예수님의 이름을 선포하며 삶에서 매일매일 승리하시기를 축복합니다.

7장

나는 죽고 예수로 살고

이에 예수께서 제자들에게 이르시되 누구든지 나를 따라오려거든 자기를 부인하고 자기 십자가를 지고 나를 따를 것이니라(마 16:24).

십자가를 지세요!

어떤 여대생이 목에 십자가를 걸고 다니니까 목사님이 이렇게 말했습니다.

"자매님! 십자가를 지고 가라고 했지. 언제 달고 다니라고 했어요!"
자매는 이렇게 대답했습니다.
"목사님! 이 십자가는요 때로는 목 뒤로 넘어가서 지고도 다녀요!"
십자가를 다른 말로 어떻게 표현할 수 있을까요? 십자가가 상징하는 의미는 '희생(犧牲)'입니다. 예수 그리스도께서 우리를 대신하여 십자가에서 죽으셨습니다. 거룩한 희생입니다. 예수님이 십자가에서 어마어마한 고난을 당하시기까지 희생하시는 이유가 무엇입니까? 우리를 사랑하니까! 하나님의 위대한 사랑은 십자가의 거룩한 희생으로 나타나는 것입니다.

> 우리가 아직 죄인 되었을 때에 그리스도께서 우리를 위하여 죽으심으로 하나님께서 우리에 대한 자기의 사랑을 확증하셨느니라(롬 5:8).

자식을 향한 부모의 사랑은 '희생'입니다. 자녀를 향한 부모의 사랑은 상상을 초월합니다. 나를 위해 옷을 사고 나를 위해 먹던 것이, 자식을 위해 옷을 사고 자식이 먹는 것을 보고 행복해 합니다. 사람은 동물과 달리 태어나는 순간 스스로 젖을 찾을 수도 없고 걸을 수도 없는 존재입니다. 누군가의 손길이 아이를 돌보지 않으면 생존이 불가능합니다. 사람으로 존재하고 살아가고 있다는 것은 누군가의 도움과 희생이 있었다는 증거입니다.

희생 없는 기독교

높의뜻숭의교회를 담임하셨던 김 목사님이 기독교 계통의 한 병원수련회 강사로 초빙을 받았습니다. 그 병원은 1년 재정이 1,000억 원, 직원이 1,300여 명이었고, 많은 환자가 몰렸습니다. 많은 매출을 올렸지만 무슨 이유에서인지 그 병원은 거의 부도 직전에 이르렀습니다. 목사님은 그 병원의 문제점을 이렇게 지적했습니다.

"이 병원의 문제는 '희생'이 없는 것, 십자가를 지려는 사람이 없는 것입니다."

그리고 목사님이 받으실 강사료를 내어 놓으시겠다고 하였습니다. 그랬더니 병원의 원목님은 이번 달 월급을 내어 놓겠다고 하고, 직원도 아닌 사람이 참석하여 100만 원을 헌금하고, 의사들은 받지 못한 몇 달 치의 월급을 포기했습니다. 그래서 그 병원은 직원들의 희생을 통해 회생하게 되었습니다.

희생은 사람을 살리는 능력이 있고, 가정을 살리는 능력이 있고, 기업을 살리는 능력이 있고, 나라를 살리는 능력이 있습니다. 그러나 희생 없는 곳, 이익만이 가득한 곳은 싸움과 투쟁과 폭력과 전쟁만이 자리하게 됩니다. 결국 사람을 죽이게 됩니다. 교회는 희생하려는 사람들이 모인 곳입니다. 우리의 삶을 하나님께 제물로 드리기를 원하는 공동체입니다.

　교사, 성가대원, 주방 사역, 주차 사역, 예배 안내 사역 등으로 섬기는 모습을 '헌신'이라고도 하고 '희생'이라고도 합니다. 시간과 달란트, 마음과 물질을 드리는 것, 곧 희생과 헌신이 바로 신앙입니다. 그러므로 그 사람의 신앙의 성숙도는 그리스도의 몸 된 교회를 위한 '희생'과 '헌신'과 비례합니다. 주님 나를 위해 십자가에서 죽어 주셨는데 그 무엇이 아깝다고 하겠습니까? 우리의 희생과 헌신은 주님의 십자가 사랑에 비하면 너무 작고 미미할 뿐입니다.

헌신 vs 바보짓

　그러나 세상은 이러한 그리스도인의 '희생'과 '헌신'을 비웃습니다. 그렇게 사는 것은 '바보짓'이라고 말하고 '낭비'라고 말합니다. 우리가 사는 세상, 구체적으로 자본주의 세상은 '희생'보다는 '자신의 이익을 극대화'하는 것이 지혜롭다고 가르칩니다. 병원이든, 회사이든, 노조이든, 서로가 조금이라도 더 임금을 더 가져가기 위해서 투쟁합니다. 내가 좀 더 가져가야겠다고 핏대를 올리며 투쟁합니다. 거기에는 싸움과 다툼과 미움만이 가득하게 됩니다. 대한민국은 '민주공화국'이기 때문에 '데모'를 할 수 있습니다. 노조도 합법적으로 운영할 수 있습니다. 그러나 노조와 기업주 간의 상호 이익을 극대화시키기 위해서 싸우다가 망한 기업도 얼마나 많습니까? '소 잃고 외양간 고쳐봤자'입니다. 노조나 기업주가 자기의 이익을 극대화시키는 것이 아닌 상호 이익을 극대화시키는 방향으로 나가면 얼마나 좋겠습니까?

그러므로 우리 그리스도인의 삶의 방식은 '투쟁'이 아니라 '희생'이어야 합니다. 타인의 이익을 빼앗는 방식이 아니라 내 것을 타인을 위해 나누는 방식의 삶을 살아야 합니다.

그리스도인을 부르는 네 가지 호칭이 있습니다.

첫째는 신자(believers)입니다.

예수님을 믿는 사람들을 신자라고 부릅니다.

둘째는 형제(brothers)입니다.

예수 안에서 서로 사랑하면 형제요, 자매라고 부릅니다.

셋째는 성도(saints)입니다.

그리스도인으로 경건한 삶을 살면 성도라고 부릅니다.

넷째는 제자(disciples)입니다.

예수 그리스도의 십자가를 따라 자신의 십자가를 지고 살면 제자라고 부릅니다. 예수님이 주신 지상명령은 이것입니다.

> 그러므로 너희는 가서 모든 민족을 제자로 삼아 아버지와 아들과 성령의 이름으로 세례를 베풀고(마 28:19).

사랑하는 그리스도의 제자들이여! 제자는 어떤 사람입니까? 신학교를 나온 사람입니까? 신학 박사 학위를 받은 사람입니까? 자기 십자가를 지는 사람이 제자입니다.

이에 예수께서 제자들에게 이르시되 누구든지 나를 따라오려거든 자기를 부인하고 자기 십자가를 지고 나를 따를 것이니라(마 16:24).

그리스도인이라면 십자가가 구원이요, 생명이라는 사실은 누구나가 압니다. 문제는 그 십자가를 누가 질 것이냐는 것입니다. 우리는 십자가를 믿기는 하겠지만 그 십자가를 지고 싶지 않은 것이 솔직한 마음입니다. 착각하지 말아야 할 것이 있습니다. 예수님께서 지신 십자가는 내 모든 죄의 십자가를 지신 것이지 삶에서 내가 져야 할 십자가까지 다 지신 것이 아닙니다. 우리가 예수님을 마음으로 믿어 의에 이르고 입으로 시인하여 구원 받았습니다(롬 10:10). 그러나 그 구원을 이루고 지키는 것은 매우 어렵습니다. 그리스도인으로 살아가는 것은 결코 쉬운 일이 아닙니다. 진정 구원 받은 사람이라면 살면서 자신이 져야 할 십자가를 지고 예수님을 따라갑니다. 세상을 향해, 이웃을 향해, 가족을 향해, 성도를 향해, 주의 몸 된 교회를 향해 져야 할 십자가가 있습니다. 그러나 절망하거나 두려워하지 마십시오! 십자가를 지는 일이 쉬운 일은 아니지만 불가능한 일도 아닙니다. 왜냐하면 앞서 십자가를 지신 예수님께서 나와 함께하시기 때문입니다.

발자국 따라 가라

최전방 수색대대 장병들이 DMZ(비무장지대) 작전에 돌입하면 앞장선 군인의 발자국을 따라 밟고 갑니다. 그래야 지뢰를 밟지 않고 안전하게 갈 수 있습니다. 이처럼 예수님이 우리에게 십자가의 모범을 보여 주셨기에 우리를 오라고 말씀하고 계신 것입니다. 힘들지만 불가능한 길이 아니기에 예수님의 발자국을 따라가면 얼마든지 갈 수 있는 길이기에, 그 길이 살 수 있는 길이기에 초대하고 계신 것입니다. 그러므로 예수를 믿는다는 것은 예수님의 방식대로 살아간다는 것을 말합니다. 예수님의 방식은 세상의 편안함과 타협하는 삶이 아닙니다. 오히려 편안이 아닌 고난의 십자가를 지는 것입니다. 그러면 어떻게 하면 그 십자가를 질 수 있습니까? 말씀 속에 그 비밀이 있습니다.

> 또 무리에게 이르시되 아무든지 나를 따라오려거든 자기를 부인하고 날마다 제 십자가를 지고 나를 따를 것이니라(눅 9:23).

십자가를 진다는 것을 좋아할 사람은 없습니다. 그러나 그 십자가가 타인의 십자가가 아니라 자기의 십자가입니다. 주님의 길을 따르는 길은 자기의 십자가를 지고 따르는 길입니다. 그것을 피하고 주님을 따라갈 수 있는 방법은 없습니다. 그렇다면 어떻게 해야 자기 십자가를 지고 주님을 따를 수 있습니까? 그 유일한 방법은 바로 '자기 부인'입니다. 자기를 부인하는 것은 자신의 정체성을 부정하라는 말이 아닙니다. 자신의 정체성을 부인하면 나는 미친 사람이 됩니다. 미친 사람은 자신이 누구인지 모릅니다. 즉 정체성을 상실한 사람입니다. 그러나 자기 부인이란 내 사람의 주인이 자신이 아니라 예수 그리스도라고 고백하는 것을 말합니다. 그러므로 내가 예수 안에 있으면 십자가를 질 수 있지만 예수 안에 있지 아니하면 결코 질 수 없습니다.

베드로가 로마에서 십자가에 거꾸로 매달려 순교할 수 있었던 이유가 무엇입니까? 베드로는 십자가를 체험했습니다. 부활을 목격했습니다. 성령 충만을 받았습니다. 그래서 자기를 부인하는 삶을 살 수 있었습니다.

한 명이면 충분하다

2002년 세계를 놀라게 한 월드컵 4강 신화! 몇 명이었습니까? 25명이었습니다. 25명! 그 선수들이 국민을 바꾸어 놓았습니다. 세상을 바꾸는 데는 많은 인원이 필요하지 않습니다. 미디안 군대는 135,000명으로(삿 8:10) 이스라엘군과 비교할 때 4배가 넘는 대군입니다. 그런데도 하나님은 이스라엘 군사 32,000명이 너무 많다고 하십니다. 기드온이 미디안을 이기기 위해서는 3만 2천 명이 필요한 것이 아니라 300명이면 됩니다.

예수 그리스도 하나님의 독생하신 아들! 한 분이 십자가를 지심으로 인류에게 구원의 길이 열렸습니다. 세상을 바꾸어 놓았습니다. 예수 그리스도를 향해 우리가 경배와 영광 돌리는 것은 우리를 위해서 친히 십자가를 지셨기 때문입니다. 진정한 그리스도인이라면 나는 죽고 예수로 사는 사람입니다. 헌신된 한 명이면 주님께서 쓰시기에 충분합니다.

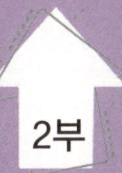

2부

놀라운 은혜
Amazing Grace

8장 | 기대하심
9장 | 예·잘·성
10장 | 소·공·동
11장 | 하모니
12장 | 말을 받은 사람들
13장 | 바람과 불의 역사
14장 | 예수를 잃은 교회

8장

기대하심

땅을 파서 돌을 제하고 극상품 포도나무를 심었도다 그 중에 망대를 세 웠고 또 그 안에 술틀을 팠도다 좋은 포도 맺기를 바랐더니 들포도를 맺 었도다(사 5:2).

기다림을 통한 기대감

어렸을 때 아버지가 출장을 가시면 돌아오시기만을 눈이 빠지도록 기다렸습니다. 아버지가 보고 싶기도 했지만 더 기대하는 것은 아버지 손에 들려 있을 무엇인가였습니다. 기대하는 어린 마음은 항상 설레었습니다. 샤브레 또는 초코파이 그러나 그것은 일 년에 한 번 정도였을까요? 대부분 큰 엿 한 판이었습니다. 시골 교회를 목회하는 가난한 아버지의 주머니는 항상 가벼우셨습니다. 그래서 엿을 한 판 사 가지고 오셔서 그것을 자식들에게 뚝뚝 끊어서 주셨는데 그 달콤한 맛은 지금도 잊을 수가 없습니다.

어렸을 때는 기대감이 더 많았습니다. 소풍, 방학, 운동회, 추석과 설날, 여름성경학교, 성탄절에 대한 기대감이 있었습니다. 성년이 되어서는 좋은 배우자, 좋은 직장에 대한 기대감이 있었습니다. 사람은 누구나 미래에 대한 '기대감'으로 살아갑니다. 지금보다 더 삶의 형편이 나아지고, 더 행복해질 것이라는 기대감이 현재의 어려움을 이겨 내는 힘이 되기도 합니다.

목축업자들은 돼지나 소에게 한약이 들어간 여물을 줍니다. 게르마늄이 함유된 사료와 물도 먹입니다. 왜 그렇게 정성을 들여 기를까요? 그것은 양질의 우유와 고기를 얻는 것에 대한 기대감이 있기 때문입니다. 1등급 돼지, 1등급 우유와 고기를 생산해 내는 것에 대한 기대감을 갖고 기르는 것입니다. 사람도 마찬가지입니다. 부모가 온갖 정성을 들여 자녀들을 키우는 것은 앞으로 훌륭한 인물이 될 것이란 기대감을 갖고 있기 때문입니다. 그렇다면 그리스도인 된 우리는 어떤 기대감이 있습니까? 교회(예배당)에 갈 때 어떤 기대감을 갖고 가십니까?

믿음이 무엇입니까? 왜 우리가 하나님을 믿는 것입니까? 하나님께 대한 기대감 때문입니다. 어떤 기대감이 있습니까? 우리를 보호하시고, 지키시고, 인도하시고, 형통케 하시고, 환난을 이기게 하시고, 은혜를 주시고, 능력을 주십니다. 우리는 그러한 기대감을 갖고 예배당으로 발걸음을 옮기는 것 아닙니까?

하나님의 기대감

이와 같이 우리가 하나님을 향하여 우리에게 주실 은혜에 대한 기대감을 갖고 있듯이 하나님께서도 우리를 향한 기대감을 갖고 계십니다. 그 기대감이란 하나님을 향하여 '영과 진리로 드리는 예배', '우리의 삶을 제물로 드리는 예배'를 드리는 자를 만나기를 원한다는 사실입니다. 이렇게 우리의 기대감과 하나님의 기대감이 만날 때 그곳에는 놀라운 천국의 향연이 펼쳐지게 될 것입니다. 그 예배에는 위대한 '하나님의 영광의 임재'가 있으며 그 영광의 임재에 들어가는 자녀들은 그 지친 영혼이 치유와 회복과 소생함을 입게 될 것입니다. 그러므로 하나님이 이 땅에서 찾으시는 유일한 사람은 부자나, 권력자가 아니라 '영과 진리로 예배하는 자'입니다. 당신이 바로 그 사람이 되기를 축복합니다. 사람을 향한 하나님의 기대하심은 무엇일가요? 그것은 모든 시대를 초월하여 모든 백성이 하나님을 알고 하나님을 믿고 결국 구원 곧 영생을 얻는 것입니다. 그것이 이 땅의 백성들을 향한 하나님의 기대하심이요, 소원이요, 뜻입니다.

> 하나님이 세상을 이처럼 사랑하사 독생자를 주셨으니 이는 그를 믿는 자마다 멸망하지 않고 영생을 얻게 하려 하심이라 하나님이 그 아들을 세상에 보내신 것은 세상을 심판하려 하심이 아니요 그로 말미암아 세상이 구원을 받게 하려 하심이라(요 3:16-17).

> 하나님은 모든 사람이 구원을 받으며 진리를 아는 데에 이르기를 원하시느니라(딤전 2:4).

하나님께서 세상을 창조하시고 아담과 하와를 지으셨습니다. 아브라함을 택하시고 이스라엘 민족을 애굽에서 불러 내셨습니다. 홍해를 가르시고, 만나와 메추라기도 먹이시고, 반석에서 물을 터뜨려 먹이시고, 젖과 꿀이 흐르는 가나안 땅으로 인도하셨습니다. 그 이유가 무엇입니까? 저들을 향한 하나님의 기대하심이 있기 때문입니다. 어떤 기대감입니까? 하나님을 온전히 믿고 말씀대로 순종하는 삶을 살 것이라는 기대감입니다. 그러나 이스라엘 백성은 그 하나님의 기대하심을 철저히 묵살하는 삶을 살았습니다. 하나님을 무시하는 삶! 그것이 가장 큰 죄였습니다.

우리는 어떻습니까? 우리를 향한 하나님의 기대하심이 무엇인지 귀를 기울이고 있습니까? 어린아이처럼 그저 하나님을 향한 기대감만을 요구하고 있지 않습니까? 그렇게 많은 신학교가 있고 교회가 있고 목사가 있지만 과연 하나님의 기대하심이 무엇인지를 깨닫고 있을까요? 이스라엘을 향한 하나님의 기대하심에 대하여 호세아 선지자를 통해 이렇게 말씀하십니다.

> 나는 인애를 원하고 제사를 원하지 아니하며 번제보다 하나님을 아는 것을 원하노라(호 6:6).

하나님은 형식적인 제사와 제물이 아니라 진정으로 사랑하기를 원하시며 우리를 향한 하나님의 뜻이 무엇인지, 우리를 향한 하나님의 기대가 무엇인지 알기를 원하신다는 말씀입니다. 이처럼 우리를 향한 하나님의 기대하심이 이사야 5장에 소개되어 있습니다. 일반적으로 신학자들이 이 본문을 "포도원의 노래"라고 합니다. 포도원의 노래는 그냥 포도원에서 포도를 따 먹으면서 맛있다고 부르는 노래가 아닙니다. 그래서 저는 이 "포도원의 노래"를 "하나님의 기대하심"이라고 표현해 보았습니다.

여기서 포도원은 이스라엘을 상징하고 나아가 이 땅의 모든 백성을 의미합니다. 이사야 선지자는 하나님이 이스라엘을 어떻게 사랑하는지 노래합니다. 그 하나님의 사랑을 알지 못하는 이스라엘의 영적 무지를 깨우치고자 합니다. 하나님의 사랑을 노래로 지어서 이스라엘 전 지역에 알리고자 합니다. 그 사랑의 노래를 반복하여 부름으로써 이스라엘 사람들의 내면에 하나님의 사랑을 심고자 하였습니다. 그러므로 이 포도원의 노래에는 이스라엘 백성을 향한 하나님의 기대가 선명하게 드러나 있습니다. 그렇다면 이스라엘을 향한 하나님의 기대는 무엇이 있으며, 그 기대하심에 대한 이스라엘의 반응은 무엇이었습니까?

> 내가 내 포도원을 위하여 행한 것 외에 무엇을 더할 것이 있으랴 내가 좋은 포도 맺기를 기다렸거늘 들포도를 맺음은 어찌 됨인고 (사 5:4).

포도원 주인, 곧 하나님의 기대는 좋은 포도 맺기를 기다렸습니다. 좋은 포도를 맺기 위하여 말씀의 거름과 사랑의 수고를 아끼지 않았습니다. 그러나 그 기대는 실망감으로 변했습니다. 왜냐하면 수확철이 되었을 때 좋은 포도가 아닌 들포도를 맺었기 때문입니다. 그래서 포도원 주인의 기대는 실망감으로 변해 버렸고 입에서는 탄식이 터져 나옵니다. 그래서 그 포도원을 황폐하게 하며 가지를 자르고 북을 돋우지 못하게 하며 찔레와 가시가 나며 비도 내리지 않겠다는 것입니다.

> 내가 그것을 황폐하게 하리니 다시는 가지를 자름이나 북을 돋우지 못하여 찔레와 가시가 날 것이며 내가 또 구름에게 명하여 그 위에 비를 내리지 못하게 하리라 하셨으니 (사 5:6).

자식들이 부모님의 사랑을 깨닫게 되면 효자가 되고 효녀가 됩니다. 우리가 하나님이 사랑을 알고 깨닫게 되면 그 하나님의 말씀에 순종하게 되고 헌신하게 되고 사랑하게 됩니다. 왜 불효자가 되고 왜 불순종의 교인들이 됩니까? 아직 몰라서! 부모의 사랑을 모르고 하나님의 사랑을 몰라서! 다른 말로 '철이 없어서, 철이 들지 않아서.'

저는 포도를 좋아합니다. 그래서 포도를 많이 먹었습니다. 고등학교 다닐 때에 부모님이 충북 옥천과 충남 추부를 연결하는 중간지점인 신평교회에서 목회 하셨는데 그곳이 포도 주산지였습니다. 그래서 교우들이 포도를 많이 가져왔습니다. 그래서 언젠가는 아침부터 저녁까지 포도만 먹었습니다. 나중에는 위에서 자체 발효하여 취기까지 돌았던 적도 있었습니다. 포도밭에 가 보면 좋은 포도와 그렇지 못한 포도를 구별하여 포장합니다. 가지에 제대로 붙어 있지 못하거나 듬성듬성 포도알이 맺혀 있으면 제값을 받을 수 없습니다. 그러나 포도송이가 알차게 달리고 당도가 높으면 아주 높은 값을 받을 수 있습니다. 극상품의 포도입니다. 그런 극상품의 포도를 바라보는 농부의 얼굴은 행복합니다. 농부가 여름 내내 비지땀을 흘리며 농사를 짓는 이유가 무엇입니까? 바로 이런 극상품의 좋은 포도에 대한 기대감 때문입니다.

공의와 정의의 열매

하나님은 이스라엘 극상품 포도 열매인 공의와 정의의 열매를 맺기를 원했습니다. 그래서 땅을 파고 돌을 제하고 극상품의 포도나무를 심고 망대를 세우고 술틀을 준비해 놓았습니다. 그리고 기다렸습니다. 그러나 그들은 들포도인 포악과 부르짖음, 즉 고통의 열매를 맺었습니다.

들포도는 '악취를 풍김'이란 뜻이 있습니다. 이스라엘 백성의 삶에는 향기가 아닌 악취가 진동했습니다. 가난한 자, 장애인, 과부, 병자들이 무시 받고 고통 속에 부르짖는 소리가 하나님께 들린 것입니다. 많은 선지자가 권력자에게 아부하며 불의를 책망하지 못하였습니다. 재판관은 뇌물을 받고 돈 있는 자의 편을 들어주었습니다. 그들은 하나님을 경외하지 않았습니다. 하나님을 무시했습니다.

이스라엘 백성이 맺은 삶의 열매는 극상품 좋은 포도가 아닌 들포도였습니다. 결국 하나님께서 그 포도원을 심판하시겠다는 것입니다. 포도원의 담이 허물어지고 황폐하게 되고 비를 내리지 않겠다는 것입니다. 이스라엘 백성들에 대한 기대감, 포도원에 대한 기대를 철회하시겠다는 말씀입니다. 하나님의 기대감이 실망감으로 그리고 탄식함으로 변하고 그 탄식함은 심판으로 이어집니다.

탄식, 한탄(deploring)을 히브리어로 '나함'이라고 합니다. '나함'은 '숨을 세차게 들이쉬다', '헐떡거리다', '한숨짓다', '신음하다', '후회하다'는 뜻과 함께 '위로하다'는 뜻도 지니고 있습니다(창 5:29). 성경에서 하나님과 관련된 '나함'은 문자 그대로 하나님께서도 당신이 하신 일에 대해 후회하실 수 있다는 뜻이 아닙니다. 왜냐하면 하나님의 모든 행위는 선하시고 완전하시기 때문입니다.

> 그는 반석이시니 그가 하신 일이 완전하고 그의 모든 길이 정의롭고 진실하고 거짓이 없으신 하나님이시니 공의로우시고 바르시도다 (신 32:4).

이스라엘의 지존자는 거짓이나 변개함이 없으시니 그는 사람이 아니시므로 결코 변개하지 않으심이니이다 하니(삼상 15:29).

여기서 변개함이 바로 '나함'입니다. '나함'이 사람과 관련되어 사용되었을 때에는 슬퍼함, 탄식함, 이러한 의미로 쓰여졌습니다. 일반적으로 사람은 선을 행함으로 후회하지는 않습니다. 그러나 악한 행동은 후회를 합니다. 반면에 '나함'이 하나님께 쓰여졌을 때에는 하나님의 선한 행동조차도 돌이키시는 것으로 사용하고 있습니다.

만일 그들이 나 보기에 악한 것을 행하여 내 목소리를 청종하지 아니하면 내가 그에게 유익하게 하리라고 한 복에 대하여 뜻을 돌이키리라(렘 18:10).

'나함'은 하나님과 관련하여 구약에서 사용된 31번의 용례 중 약 3분의 1이 인간의 행동에 대한 반응으로 하나님이 뜻을 바꿨다고 말합니다. 하나님이 홍수 심판을 하신 것은 하나님의 계획에 사람들이 항상 악함으로 반응했기 때문이었습니다(창 6:5).

모세가 이스라엘을 위해 간구함으로 백성이 용서받기도 했습니다(출 32:14). 사울이 하나님께 등을 돌렸기 때문에 하나님은 그분의 행동을 바꾸실 수밖에 없게 되었고, 그 결과 사무엘은 목동 다윗에게 기름을 부어 새로운 왕으로 세우셨습니다. 니느웨 사람들의 회개를 보시고 심판의 집행을 보류하셨습니다. 결론적으로 사람에게 사용된 '나함'은 심령의 변화를 반면에 하나님께 사용된 '나함'은 하나님의 선한 행동과 환경의 변화를 의미하는 것입니다.

오늘날 이스라엘 백성이나 우리를 향한 하나님의 기대하심이 무엇입니까? 극상품 포도 열매를 맺는 것입니다. 포도나무의 사명은 극상품의 열매를 맺는 것처럼 우리에게 주신 사명은 하나님의 정의와 사랑과 거룩함의 열매를 맺는 것입니다.

2018년 예장(통합)교단의 조사에 의하면 2016년에 비해 목사 수는 늘었지만 성도 수는 5만여 명 감소하였습니다. 오늘날 성도 수가 감소하는 여러 가지 이유가 있겠지만 가장 큰 것은 목회자에 대한 기대감이 실망감으로 바뀌어서가 아닌가 싶습니다. 그 결과 교회를 향한 개인적 심판인 소극적 저항으로 교회를 떠나는 것입니다. 또 다른 이유는 교회가 상식 수준의 기대마저 저버려서입니다. 이를 부추기는 언론도 한 몫을 합니다. 세상에서도 상식이 통하지 않으면 비난을 받는데 하물며 거룩함을 추구하는 교회에서 상식이 통하지 않는다는 것은 사람들로 하여금 분노하게 합니다. 하나님이 함께 하는 교회라면 오히려 상식을 초월해서 거룩함을 추구해야 합니다.

교회는 '하나님의 포도원'입니다. 포도원을 향한 하나님의 기대하심, 지역 사회와 한국 교회에 대한 기대가 분명히 있습니다. 어떻게 하면 극상품의 좋은 포도 열매, 하나님이 원하시는 정의와 공의의 열매, 성령의 열매를 맺을 수 있을까요? 우리 그리스도인이 어떻게 행해야 교회를 떠난 이가 돌아오고 상한 심령, 메마른 심령이 회복될 수 있을까요?

9장

복음으로 예·잘·성

그 날에 많은 사람이 나더러 이르되 주여 주여 우리가 주의 이름으로 선지자 노릇 하며 주의 이름으로 귀신을 쫓아 내며 주의 이름으로 많은 권능을 행하지 아니하였나이까 하리니 그 때에 내가 그들에게 밝히 말하되 내가 너희를 도무지 알지 못하니 불법을 행하는 자들아 내게서 떠나가라 하리라 (마 7:22~23).

목사님! 예수 안 믿어요?

2010년 12월 말에 아프간 PKO 1진 파병을 마친 후, 2011년 1월부터 육군사관학교 육사교회 담임 목사로 보직을 받아 부임하였습니다. 어느 날 권사님 한 분이 제게 찾아왔습니다.

"목사님! 우리 중보기도팀의 기도제목입니다. 맨 위가 목사님을 위한 기도입니다."

"네! 저를 위한 어떤 기도를 하십니까?"

"네! 우리 목사님 진급하게 해 달라고요!"

그 소리를 듣는데 얼굴이 화끈거렸습니다.

"권사님! 저를 위한 기도는 그렇게 하지 마세요!"

"왜요? 다른 목사님들도 다 그렇게 기도해 드렸는데…."

"그래도 저를 위한 기도는 그렇게 하지 않으시면 좋겠습니다."

"왜요? 그럼 뭐라고 기도해요?"

"권사님! 그저 예수님 잘 믿는 목사 되게 해 달라고 기도해 주세요! 그리고 목회자를 위한 기도는 다음에 말씀드릴게요."

"목사님 예수님 안 믿어요?"

이 권사님이 자꾸 따져 묻습니다. 이분이 따지는 은사가 있는 분입니다.

그래서 제가 이렇게 되물었습니다.

"권사님! 권사님은 예수님 잘 믿습니까?"

그 순간 이 권사님이 얼굴이 굳어졌습니다. 아무 말을 못하고 서 있었습니다.

"권사님! 목사가 예수님 잘 믿기 힘듭니다. 그러니 예수님 잘 믿게 해 달라고 기도해 주세요!"

우리는 어떻습니까? 예수님을 믿습니까? 예수님을 잘 믿습니까?

우리 주위에 이 사람은 정말 예수님 믿는 사람이라고 생각되는 사람이 몇 명이나 있습니까? 오히려 주위에 "저 사람 예수 믿는 사람 맞아?"라고 생각되는 일이 얼마나 많습니까? 교회를 다닌다고 다 예수님을 믿을까요? 오늘날 교회 밖의 불신자도 문제지만 교회 안의 불신자는 더 큰 문제입니다. 예배당에 나와 앉아 있지만 하나님을 믿지 않습니다. 그러면 왜 예수님을 믿지 않을까요? 기독교인이 예수를 안 믿으면 누구를 믿는 것일까? 아니면 무엇을 믿는 것일까요? 대답은 이것입니다. 예수님을 믿지 못하고 자신을 믿습니다. 교회 안과 밖에는 이런 사람이 넘쳐 납니다. 이런 저런 이유를 대면서 교회를 거부합니다. 예수님 영접하기를 거부합니다. 더 심각한 질문은 이것입니다.

"예수님을 믿지 않는 사람도 기독교인이 될 수 있을까요?"

목사, 장로, 권사, 집사가 어떻게 예수를 믿지 않을 수 있습니까? 예수를 믿었기 때문에 그런 직분을 받은 것 아닙니까? 그렇습니다. 예수를 믿었기 때문에 직분을 받은 것입니다. 그러나 예수를 믿지 않아도 그런 직분을 받을 수 있습니다. 단순히 종교 생활, 교회 활동을 열심히 하면 얼마든지 받을 수 있습니다. 우리가 착각하지 말아야 할 것은 이러한 직분을 가졌으므로 예수님을 잘 믿을 것이라는 생각입니다.

예수를 믿지 않고 목사의 직분을 감당할 수 있습니까? 예수를 믿지 않고 장로의 직분을 감당할 수 있습니까? 예수를 믿지 않고 권사의 직분을 감당할 수 있습니까? 예수를 믿지 않고 집사의 직분을 감당할 수 있습니까? 물론입니다. 얼마든지 그렇게 할 수 있습니다. 가짜 목사, 가짜 장로, 가짜 권사, 가짜 집사를 우리 주변에서 얼마든지 볼 수 있습니다.

> 그 날에 많은 사람이 나더러 이르되 주여 주여 우리가 주의 이름으로 선지자 노릇 하며 주의 이름으로 귀신을 쫓아 내며 주의 이름으로 많은 권능을 행하지 아니하였나이까 하리니 그 때에 내가 그들에게 밝히 말하되 내가 너희를 도무지 알지 못하니 불법을 행하는 자들아 내게서 떠나가라 하리라(마 7:22-23).

이 땅의 그리스도인들이 예수님을 향해 주님이라고 불렀습니다. 내 인생의 주인은 내가 아니라 예수님이라고 믿었고 고백했습니다. 그리고 예수님의 이름으로 선지자 노릇을 했습니다. 즉 목사, 장로, 권사, 집사의 직분을 감당했다는 것입니다. 그리고 주의 이름으로 귀신을 쫓아냈습니다. 그리고 주님의 이름으로 많은 권능을 행했습니다. 이 얼마나 대단한 은사입니까? 이런 목사라면 얼마나 성도들에게 인기를 얻겠습니까?

그런데 주님은 저들을 향해서 세 가지를 말씀하십니다. 첫째, 내가 너희를 도무지 알지 못한다. 둘째, 불법을 행하는 자들이다. 셋째, 내게서 떠나가라. 예수님은 선지자라고 하는 이 사람의 신앙, 저들의 삶을 인정하지 않겠다는 것입니다. 나아가 저들이 행한 것이 '불법'이라는 것입니다.

불법이 무엇입니까?

하나님의 법에 어긋난 것이 법! 율법에 반하는 것이 불법입니다. 그런데 불법을 행했는데 어떻게 이러한 능력이 나타날 수 있습니까? 여기서 불법을 행했다는 것은 예수님의 이름으로 귀신을 쫓아내고 능력을 행했지만 그 후 모든 영광을 하나님께 돌리지 아니하고 자신이 가로챘다는 것입니다. 하나님의 영광을 가로채는 죄! 이것을 누가 했습니까? 사탄입니다. 하나님의 백성이 하나님께 영광을 돌리지 않는 삶을 산다면 이것이 사탄에게 동조하는 불법이요, 죄임을 알아야 합니다. 그러므로 불법의 성도가 되지 않기 위해서 우리는 복음으로 예·잘·성!* 해야 합니다. 믿는다는 동사 앞에 '잘'이란 부사가 있으면 믿는다는 의미가 더욱 선명해집니다. 예수 잘 믿어야 합니다.

예수 잘 믿는다는 의미

예수님을 잘 믿는다는 의미는 믿음과 행함에 있어서 집중력, 삶의 집중력을 발휘하는 것입니다. 학생이 학교만 왔다 갔다 한다고 해서 공부를 잘하는 것이 아닙니다. 운동선수가 경기장만 왔다 갔다 한다고 해서 금메달을 따는 것도 아닙니다. 농부가 논과 밭에 왔다 갔다 한다고 해

---

* "복음으로 예수 잘 믿는 성도가 되자."는 서남교회의 구호이다.

서 풍성한 소출을 얻을 수 있는 것도 아닙니다. 학생은 공부를 잘해야 합니다. 운동선수가 시합도 잘해야 하고 농부기 일도 잘해야 합니다. '잘'이란 부사는 '열심히'라고 바꿔도 됩니다. 학생은 공부를 열심히, 운동선수도 운동을 열심히, 농부도 일을 열심히, 회사원도 업무를 열심히 해야 합니다. 그러면 무엇이 잘 하는 것이고, 어떻게 하는 것이 열심히 하는 것입니까?

자신이 해야 할 일에 대해서 집중하는 것을 말합니다. 제가 공부하면서 깨달은 것은 공부는 머리로만 하는 것이 아니라는 것입니다. 누가 공부를 잘하느냐? 집중해서 하는 사람입니다. 주님께서 주신 생명, 시간, 건강, 달란트, 물질 등을 주님께 향하도록 사용하는 것입니다. 그러므로 예수님을 잘 믿는다는 것은 내 삶을 예수 그리스도께 집중하며 살아가는 것입니다. 그렇게 집중하는 것을 '차렷'이라고 합니다. 군대에 입대하면 가장 먼저 배우는 제식동작이 바로 '차렷'입니다. 차렷은 '차려'를 강조하여 이르는 말이며 '정신 차렷'의 준말입니다. 차렷이란 몸과 정신을 바로 차리어 부동자세(不動姿勢)를 취하라는 것으로 다음의 어떤 동작을 하기 위한 준비 자세입니다. 차렷하여 집중하는 것은 그리스도인으로 살아가기 위한 가장 기본적인 신앙의 자세와 태도입니다.

잘 믿는다는 두 번째 의미는 '제대로 된 신앙', '바른 신앙'을 가지라는 말입니다. 바름이 없는 신앙, 옳음이 없는 신앙, 제대로가 없는 신앙을 사이비 또는 이단이라고 하는 것입니다. 선지자들에게는 바른 신앙이 없었습니다. 바르지 못한 것은 불법입니다. 그 불법의 신앙, 바르지 못한 신앙을 주님께서는 인정하지 않는다는 말씀입니다. 일반적으로

"예수를 잘 믿습니까?" 라고 질문하면 세 가지 반응을 보입니다.

첫째, '큰 웃음'이 있습니다. 비기독교인은 정신없는 기독교인, 정신 차리지 못한 사람을 많이 보았기 때문에 지당한 말씀이라며 웃습니다.

둘째, '쓴웃음'이 있습니다. 나름 헌신하며 사는 목사, 장로, 권사, 집사님들은 아쉬움과 안타까움의 웃음을 짓습니다.

셋째, '비웃음'이 있습니다. 나는 예수를 잘 믿고 있기 때문에 아무 문제없다고 생각하는 그리스도인은 이런 질문에 대하여 불쾌해하고 방어적인 태도를 보입니다.

오늘날 기독교가 질타를 받는 이유는 한마디로 본질, 즉 성경에서 떠났기 때문입니다. 하나님께 시비 걸고, 예수님을 향해서 욕을 하는 사람은 별로 없습니다. 교회에 다니는 걸 가지고 비난하는 사람도 별로 없습니다. 그리스도인들이 살아가는 모습을 보고 왈가불가하는 것입니다.

"믿는 사람이 저렇게 말할 수 있나? 믿는 사람이 저렇게 행동해도 되는가?"

언행불일치, 신행불일치! 믿지만 바르게 살아가지 못하기 때문에 비난을 받고 하나님의 교회를 욕되게 하고 영광을 가리는 것입니다. 자신의 신앙생활은 성경 중심이라고 하지만 그것은 어디까지나 자신의 이익을 채우기 위한 방편과 수단일 뿐입니다. 인도의 마하트마 간디가 한 유명한 말이 있습니다.

"나는 예수는 좋아한다. 그러나 기독교는 싫다!"

무슨 말입니까? 예수를 잃은 교회, 예수를 잃은 기독교는 더 이상 가치가 없다는 것입니다. 그 말을 이렇게 이해했습니다.

"먼저 기독교인은 예수 그리스도처럼 살도록 하십시오. 그리고 예수의 가르침을 철저히 순종하시고 그 가르침의 품위를 떨어뜨리거나 저하시키지 마십시오! 사랑을 강조하고 그것을 추진력으로 삼으십시오! 그것이 기독교 중심 사상이기 때문입니다. 그러면 기독교가 삽니다!"

잘 믿는다는 세 번째 의미는 질적 신앙이 우수한 것을 말합니다. 일에 대한 두 가지 질문이 있습니다.

"일을 얼마나 많이 했어?"라는 질문과 "일은 잘했어?"라는 질문입니다. 전자는 '양'에 관한 질문이요, 후자는 '질'에 관한 질문입니다. 믿음은 양이 아니라 질의 문제입니다.

우리는 교회에서 직분이 무엇인가? 교회를 얼마나 다녔는가? 신앙생활한 지 몇 년 되었는가?라는 양적 믿음에 관심을 두지만 하나님은 '예수님을 잘 믿는지'라는 믿음의 본질을 중요하게 여기십니다. 주님은 이렇게 말씀하셨습니다.

> 이르시되 너희 믿음이 작은 까닭이니라 진실로 너희에게 이르노니 만일 너희에게 믿음이 겨자씨 한 알 만큼만 있어도 이 산을 명하여 여기서 저기로 옮겨지라 하면 옮겨질 것이요 또 너희가 못할 것이 없으리라(마 17:20).

여기서 '겨자씨 한 알 만한 믿음'이란 믿음이 '양'이 아니라 '질'의 문제임을 말씀합니다. 겨자씨 한 알이 얼마나 작습니까? 눈에 보이는 양의 가치는 있으나 마나 합니다. 하지만 그 겨자씨가 심겨지면 수십 배의 열매를 거두게 되는 것입니다.

주님의 말씀을 듣고 행함이 없는 삶은 모래 위에 집을 지은 사람입니다. 이 사람은 신앙을 양으로 만족하는 어리석은 신자입니다. 이 세대는 하나님의 말씀이 양적으로 넘쳐나는 시대입니다. 성도는 수없이 많은 말씀을 듣기만 합니다. 행함이 없고 순종이 없습니다. 순종하는 자를 찾기 어렵고 말씀 따라 살기 위해 몸부림치는 성도를 찾아보기 어렵습니다. 반면에 주님의 말씀을 듣고 행하는 자는 반석 위에 집을 지은 사람입니다. 이 사람은 신앙을 질로 살아가는 지혜로운 신자입니다. 질적 신앙을 가진 사람은 행함으로 순종함으로 살아갑니다.

반석 위에 지은 집은 비가 내리고 창수가 나고 바람이 불어도 무너지지 않습니다. 예수님 잘 믿는 성도는 주위 사람들이 교회를 뭐라 비난하고 그리스도인들을 욕하고 사탄이 시험을 해도 그 믿음이 무너지지 않습니다. 반면에 모래 위에 지은 집은 비가 내리고 창수고 나고 바람이 불면 무너집니다. 예수님을 잘 믿지 않는 성도는 듣는 데서 끝나기 때문에 조금의 시험과 상처가 생기면 교회 나오기를 거부하고 믿음을 포기합니다. 예수님을 잘 믿는 성도는 반석 위에 집을 지은 성도요, 지혜로운 성도요, 잘 믿지 않는 성도는 모래 위에 집을 지은 성도입니다. 어느 건축가가 집을 모래 위에 세우겠습니까? 그것 자체가 불법 아니겠습니까? 그러므로 예수님을 잘 믿는 성도의 반대편에는 불법을 행하는 자(마7:23)가 있는 것입니다. 예수 잘 믿는 성도는 전 생애를 주님께 집중하는 차렷의 신앙생활, 신행일치의 바른 신앙을 가진 사람, 행함으로 순종하는 질적 신앙생활을 하는 사람입니다. 오늘 당신은 거짓 선지자들의 편, 즉 불법의 편에 서시겠습니까? 아니면 예수님을 잘 믿는 편에 서시겠습니까?

10장

은혜로 소·공·동

이것이 노아의 족보니라 노아는 의인이요 당대에 완전한 자라 그는 하나님과 동행하였으며(창 6:9).

신학자와 목회자 그리고 평신도들이 모여서 성경 가운데 가장 최고의 구절을 뽑는다면 어떤 구절일까요? 저는 이것이라고 생각합니다.

> 하나님이 세상을 이처럼 사랑하사 독생자를 주셨으니 이는 그를 믿는 자마다 멸망하지 않고 영생을 얻게 하려 하심이라(요 3:16).

이 말씀에 예수 그리스도의 복음이 담겨져 있습니다. 이 말씀 속에 예수 그리스도의 구속 사역이 정확하게 들어 있습니다. 예수 그리스도의 구속 역사를 정의하면 '소·공·동 사역*'이라고 할 수 있습니다.

"하나님이 세상을 이처럼 사랑하사."

하나님께서 이 세상과의 소통을 말씀합니다. 하나님의 관심은 하나님께서 창조하신 온 우주요 그 가운데서도 이 세상, 곧 하나님의 형상대로 지으신 사람입니다. 그 사람들과 사랑으로 소통하시는 하나님이십니다.

"독생자를 주셨으니."

하나님께서 우리의 죄 문제에 대하여 깊이 공감하셨습니다. 그래서 사람의 모양을 입고(성육신) 이 땅에 오셨습니다. 이것은 인간의 역사에 하나님께서 동참하신 것입니다. 그리고 오늘도 임마누엘로 우리와 동행하시며 성령으로 동역하고 계십니다. 때문에 예수 그리스도를 믿는 우리는 예수님의 구원 사역, 소공동 사역을 따라서 살아야 합니다.

---

* 소통·공감·동행(동참, 동역)을 줄인 형태로 서남교회에서 외치는 구호이다.

흔히 우리는 '신앙생활'을 한다고 합니다. 신앙생활이 무엇입니까? 저는 신앙과 생활이 합쳐진 말로 보았습니다. 두 가지 차원, 즉 하나님을 신앙하는 차원과 사람들과 관계하는 생활에서의 차원을 동시에 아우른다고 보겠습니다. 결국 신앙생활이란 우리의 믿음을 사람들과의 관계 속에서 드러내는 삶입니다. 그것을 소·공·동 사역이라고 부르겠습니다.

소통

소통에는 두 가지 차원이 있습니다. 사람과의 소통, 그리고 하나님과의 소통이 있습니다. 먼저 사람과의 소통이 있습니다. 사람과 소통하며 사는 것을 '사회생활'이라고 합니다. 오늘날 어린아이부터 노년에 이르기까지 거의 손에 들고 있는 것이 스마트폰입니다. 스마트폰으로 인터넷, 내비게이션, 폰뱅킹 등 거의 모든 일을 다 할 수 있습니다. 전 세계 나라 중에 인터넷 강국은 단연 대한민국입니다. 미국이나 캐나다, 심지어 일본도 우리나라보다 인터넷 속도가 한참 떨어집니다. OECD 국가 중 인터넷 요금이 가장 싸고 속도가 가장 빠른 나라가 대한민국이라고 합니다. 도시 곳곳에 심지어 지하철에서도 와이파이가 되는 나라가 우리나라입니다.

인터넷이란 세상과 소통하는 공간입니다. 그래서 집안에서 손바닥 안에서 얼마든지 세상과 타인과 소통을 주고받을 수 있습니다. 그런데 아이러니하게도 인터넷 강국에서 가장 문제시되고 있는 것이 바로 '소통'입니다. 우리가 살고 있는 시대의 중요한 키워드는 '소통'입니다. 영어로는 communication, 한자로는 疏通(트일 소, 통할 통), 뜻은 막히지 아니하고 잘 통한다, 뜻이 서로 통하여 오해가 없다는 뜻입니다.

소통이 먹통이 되면 문제가 발생합니다. 시험이 찾아옵니다. 콜레스테롤이나 혈전(피떡) 등으로 혈관이 막히면 통증, 고혈압, 동맥류, 뇌졸증, 심근경색, 협심증등 심각한 질병을 유발하게 됩니다. 그래서 혈관을 뚫어서 막히지 않게 하기위해 약물을 먹기도 하고, 혈관조영술이나 스텐트(stent,철망)시술을 하기도 합니다.

심장에서 펌프질하는 피가 온 몸을 구석구석 돌아다녀야 사람이 건강하게 살 수 있습니다. 마찬가지로 주님의 몸인 교회가 건강하게 세워지기 위해서는 성도끼리 소통이 원활해야 합니다. 소통의 승리는 삶의 승리요, 소통의 패배는 삶의 패배입니다. 소통의 유무에 따라 행복의 유무가 결정된다고 해도 과언이 아닙니다. 그래서 이런 말도 있습니다.

"소통은 밥통에서 시작된다!"

밥을 사주었다는 것은 상대방에게 내 호의, 내 마음을 대접한 것입니다. 밥을 사 주는 것은 상대방의 감성을 자극하는 행위인 것입니다. 밥을 대접하는 것은 상대방을 존중한다는 표현입니다. 이렇게 타인과의 진정한 소통은 머리가 아닌 가슴에서 시작되며 마음에서 시작됩니다. 진정한 소통의 근원은 바로 '감성의 교류'에 있습니다. 서로를 이해하고 배려하기 위해서는 감성이 건드려져야 합니다.

잘 알고 있는 장자의 조삼모사 이야기가 있습니다. 저공이 도토리를 아침에 3개, 저녁에 4개 주겠다고 했더니 원숭이들이 화를 냈습니다.

그래서 아침에 4개, 저녁에 3개를 주겠다고 하니 기뻐했다는 것입니다. 저공의 입장에서 보면 속임수요 원숭이 입장에서 보면 어리석음입니다. 이 이야기에 대하여 철학자 강신주는 소통의 관점에서 해석합니다. 저공은 예측하기 어려운 원숭이의 마음에 대한 판단을 중지하고 원숭이에게 맞게 자신을 조율했다는 것입니다. 만약 아침에 4개, 저녁에 3개를 주겠다는 것에 대하여 원숭이가 화를 냈다면 아침에 5개, 저녁에 2개를 주겠다고 제안했을 것입니다. 가지고 있는 전부를 가장 효율적으로 배치하는 것은 상대의 마음을 충족시키는 것입니다.

다음은 하나님과의 소통이 있습니다. 우리가 하나님과 소통이 원활하면 늘 은혜가 넘치고 기쁨이 넘치고 감사가 충만합니다. 그런데 만약 예배를 드리는 시간에 찬양을 해도 기쁨이 없고, 기도를 해도 감사가 없고 말씀을 들어도 은혜가 없다면 그래서 불평이 나온다면 하나님과의 소통을 점검해 보시기 바랍니다.

신앙이란 결국 하나님과의 소통입니다. 우리가 기도하고, 찬양하고, 말씀을 듣는 것도 하나님과 소통하기 위한 행위입니다. 하나님은 소통하시는 하나님이십니다. 말씀으로 세상을 창조하신 것은 '구술미디어'라고 할 수 있습니다. 친히 사람의 몸을 입고 이 땅에 오신 예수님의 성육신 사건은 '멀티미디어'라고 할 수 있습니다. 우리에게 주신 성경은 '문자미디어'라고 할 수 있습니다. 그리고 보혜사 성령님을 보내셔서 언제 어디서고 우리와 동행하시는 것은 '유비쿼터스 미디어'라고 할 수 있습니다. 기독교는 하나님의 사랑이 다양한 커뮤니케이션 미디어로 표현되는 소통의 신앙입니다. 이러한 하나님과의 소통, 이웃과의 소통을 이루기 위해서는 예수 그리스도의 마음을 품어야 합니다. 그 마음은 바로 '겸손'입니다. 진정한 신앙생활의 기쁨은 하나님과의 소통, 이웃과의 소통에서 시작됩니다.

공감

공감도 사람들과의 공감이 있고 하나님과의 공감이 있습니다. 먼저 사람들과의 공감입니다. 진정한 소통의 목적은 상대방을 이해하는 데서 끝나지 않고 타인의 기쁨과 슬픔이 내 기쁨과 슬픔이 되어 진심으로 위로와 격려를 줄 수 있습니다. 그래서 공감능력이 뛰어난 사람은 이렇게 말합니다.
"아! 그렇구나! 얼마나 힘들었을까? 그 마음 나도 이해해! 나도 그런 이야기를 들으니 슬프구나! 나도 화가 나네! 내가 기도해 줄게!"
하나님과의 공감도 마찬가지입니다. 우리 하나님은 우리의 아픔, 고통, 기쁨, 죽음을 깊이 공감하시는 분이십니다. 우리는 하나님의 마음을 알고 공감하기 위해서 말씀을 읽고, 듣고, 묵상합니다. 성경에는 하나님의 마음이 담겨 있습니다. 그러므로 목회자는 기록된 하나님의 마음을 성도들에게 잘 전달해야 할 책임이 있습니다. 설교 즉 선포되는 말씀은 하나님의 마음을 열어 보여 주어야 하고 설교를 듣는 성도는 하나님의 마음에 깊이 공감할 수 있어야 합니다. 그럴 때에 "아멘!" 하며 응답합니다.
한국 교회는 참으로 기도를 열심히 한다고 소문이 나있습니다. 그런데 그 기도의 대부분은 마음, 형편을 고하는 것에 중점을 둡니다. 그러나 기도 중의 기도는 하나님의 마음을 깊이 깨닫는 것입니다. 우리는 기도를 통해서 나를 향한 하나님의 마음, 가정을 향한 하나님의 마음, 교회를 향한 하나님의 마음, 이웃을 향한 하나님의 마음, 세상을 향한 하나님의 마음을 깊이 깨닫고 공감할 수 있습니다. 이렇게 하나님의 마음을 공감하고 이웃의 마음을 공감하면 다음에 어떤 일을 해야 합니까?

동행(同行, 동참, 동역)

세상의 상담과 하나님의 상담에는 결정적 차이가 있습니다. 상담자가 내담자의 문제에 있어 깊이 공감했다 할지라도 무엇을 어떻게 할 수 있는 해결자의 역할을 하는 것에 많은 제한이 있습니다. 그저 내담자와의 소통을 통해서 어려움과 아픔을 깊이 이해해 주고 공감해 주는 것만으로도 훌륭한 상담자라고 할 수 있습니다. 상담자가 내 인생에 어려움을 왜 해결해 주지 않느냐? 왜 내 인생에 동참하여 주지 않느냐고 따지는 사람은 없습니다. 세상 사람들은 나를 이해해 주고 또 좋은 상담자는 내 형편과 처지를 깊이 공감해 줍니다.

"아! 많이 힘들고 아프시지요!"

잘하면 어떤 약을 먹으면 좋겠다고 알려 줄 수도 있고 아니면 내담자에게 조언을 해 줄 수 있습니다. 그러나 그것으로 끝입니다. 내담자가 경제적으로 어려운 사정을 깊이 공감한 상담자가 돈을 빌려 주거나 대출을 알선하지는 않습니다. 내담자의 부부생활을 깊이 공감한 상담자가 대신 살아 줄 수도 없습니다.

여러분은 목회를 무엇이라고 생각하십니까? 교회를 크게 만드는 것입니까? 목회는 한 마디로 '성도들을 말씀과 기도로 온전하게 돌보는 모든 행위'입니다. 더 간단히 말한다면 '성도들과 함께 살아가는 것'이라고 생각합니다. 저에게 있어 목회는 '성도와의 동행'입니다. 성도와 함께 살아가는 것이요 함께 늙어 가는 것입니다. 성도님과 함께 울고, 함께 웃고, 함께 먹고, 함께 나누기 위해서 부임했습니다. 이것이 세상의 상담과 결정적으로 다른 것입니다. 신앙생활은 하나님과의 동행이요 성도와의 동행입니다. 목회는 성도의 삶에 동참하며 동역하는 행위입니다. 그리스도인은 아파하는 형제, 자매를 위해 밥을 사 주든지, 약을 사 주든지 아니면 병원에 데려갑니다. 이것이 동행이고, 동참이고, 동역입니다. 그러므로 동역은 동행과 동참 속에서 일어나는 거룩한 믿음의 사역입니다.

선교가 무엇입니까? 그리스도인이 하나님과의 소통을 통해 하나님의 마음을 공감하게 되면 하나님의 일에 동참하게 되고, 동역하게 됩니다. 이것을 헌신이라고도 하고 선교라고 하는 것입니다. 헌신과 선교는 하나님의 일이 내 일로 여겨질 때 일어나는 것입니다. 우리가 기도하면 내 일이 하나님의 일이 되고, 내 문제가 하나님의 문제가 됩니다. 이사야 선지자는 하나님의 마음을 깊이 공감하게 되었습니다. "주여 내가 여기 있습니다. 나를 사용하여 주옵소서."라며 주님의 사역에 동참하게 됩니다. 주님의 구원 역사에 쓰임 받기를 소원하였습니다. 이것이 바로 동역이요, 거룩한 일이요, 선교입니다. 노아는 소통과 공감과 동역의 모델로서 하나님께 인정받은 유일한 사람이었습니다.

> 그러나 노아는 여호와께 은혜를 입었더라 이것이 노아의 족보니라 노아는 의인이요 당대에 완전한 자라 그는 하나님과 동행하였으며 (창 6:8-9).

노아는 하나님의 홍수 심판에 깊이 공감하였습니다. 그리고 하나님께서 명하신 대로 다 준행하였습니다.

> 노아가 그와 같이 하여 하나님이 자기에게 명하신 대로 다 준행하였더라(창 6:22).

> 노아가 여호와께서 자기에게 명하신 대로 다 준행하였더라(창 7:5).

준행했다는 말은 하나님과 동행하면서 하나님의 사역에 동역했다는 말입니다. 노아는 하나님과 소통, 공감, 동행하고 동역한 사람이었습니다. 그래서 노아와 그의 가족이 심판 가운데서 구원받았습니다. 그러나 노아 시대 다른 사람들은 하나님과 소통을 거부했고, 노아와 소통하지도 않았습니다. 결국 소통의 거부, 불통은 심판의 대상이 되었습니다.

노아의 증조할아버지 되는 에녹은 하나님과 동행한 최초의 사람이었습니다. 에녹은 65세에 므두셀라를 낳고 300년을 하나님과 동행하였으며 그 결과 죽음을 맛보지 않고 하나님이 데려가셨습니다.

반면에 최초의 사람으로 지음 받은 아담과 하와는 하나님과의 소통에 실패했습니다. 그 하나님과의 소통을 방해하는 사탄의 빙해 공작에 넘어갔습니다. 결국 하나님의 마음을 아프게 하고 에덴에서 추방되고 말았습니다.

모세는 하나님과 소통했습니다. 이스라엘을 향한 하나님의 구원 계획에 깊이 공감했습니다. 그러나 처음에는 하나님의 동역 요청에 핑계를 대며 거절했지만 하나님은 모세를 하나님의 동역자로 세우셔서 출애굽의 역사를 이루셨습니다.

모든 그리스도인은 노아처럼 모세처럼 하나님과 소통하고 공감하고 동행하고 동역할 수 있는 특권이 있습니다. 주님은 저와 여러분을 부르셔서 믿음의 반석 위에서 소·공·동하며 아름다운 신앙공동체를 세워가라고 하십니다. 하나님의 이 마음을 흡족하게 해 드리는 우리 모두가 되길 원합니다.

11장

사랑으로 하모니

몸이 하나요 성령도 한 분이시니 이와 같이 너희가 부르심의 한 소망 안에서 부르심을 받았느니라(엡 4:4).

비브라토

합창을 하는 사람들에게 있어 이만한 합창단이 또 있을까 할 정도로 유명한 전설의 합창단이 있습니다. 바로 1983년 10월 17일, 국내 유일의 프로 합창단으로 창단한 "대우합창단"입니다. 상임지휘자는 국내 합창계의 거목인 '윤학원 장로님'이셨습니다. 1938년 10월 26일 태어나시고 연세대학교 작곡과를 나와 중앙대학교 음대 교수로 40여 년 동안 월드비전선명회합창단, 대우합창단, 서울 레이디스싱어즈, 인천시립합창단을 그리고 영락교회 시온찬양대 지휘자로 사역했습니다. 당시 대우합창단은 대우그룹의 전폭적인 지원 아래 국내 최고의 성악가들을 단원으로 선발했습니다. 그래서 성악가들이 이 합창단에 들어가기 위해서는 23대 1의 경쟁률을 뚫어야 했습니다. 그런데 그 합창단에 심각한 문제가 발생했습니다. 개인의 실력이 너무 뛰어났기 때문에 합창이 어려웠습니다. 독창을 하면 훌륭한 성악가들이었지만 합창을 하니까 서로 화음이 되지 않는 것이었습니다. 개인별 비브라토(목소리가 떨리게 하는 기교)가 심해 합창에 도움이 되질 않습니다. 왜요? 전체적인 하모니를 망치기 때문입니다. 그런데 합창단원에게 비브라토를 없애라고 지적하는 것은 쉽지 않은 일입니다. 지적을 받은 합창단원과 지휘자 사이에는 한랭전선이 형성이 되는 것입니다. 결국 단원들과 지휘자와의 불화를 이유로 1989년 해체되었습니다. 이처럼 아무리 실력이 좋고 유명한 합창단이라 할지라도 하모니를 잃어버리면 합창단의 가치는 사라지는 것이요 결국 해체될 수밖에 없습니다.

누구를 바라볼까?

합창단원은 누구를 바라보아야 합니까? 지휘자입니다. 지휘자에게서 눈을 떼지 않고 집중하여 그 지휘에 따라야 합니다. 만약 다른 생각을 조금이라도 하면 혼자 실수를 하게 될 것이고 그렇게 되면 그 한 사람 때문에 합창을 망치게 될 것입니다. 합창단원은 지휘자의 지휘에 따라야 합니다. 합창은 개인의 실력을 뽐내는 자리가 아니라 함께 아름다운 하모니를 만들어 내는 자리입니다. 그러므로 지휘자가 음을 크게 하라고 하면 크게 하고 작게 하라면 작게 해야 합니다.

어느 찬양대에서 있었던 일입니다. 지휘자의 지휘를 전혀 보지 않고 늘 자기 멋대로인 찬양대원을 훈련시키기 위하여 지휘자가 음을 길게 끌었습니다. 그것을 페르마타(⌒)라고 합니다. 지휘자를 바라보고 있던 대원들은 그렇게 불렀습니다. 그러나 혼자 지휘자를 무시하고 있던 대원은 망신을 당했습니다. 악보도 중요하지만 그 악보를 해석하고 화음을 창조해 나가는 것은 지휘자의 몫입니다. 합창의 진수는 하모니입니다. 많은 관객이 합창단원의 개인 기교에 박수를 보내는 것이 아니라 하모니에 박수를 보내는 것입니다. 이처럼 하모니는 사람을 감동시키는 힘이 있습니다. 반면에 불협화음은 사람들을 뒤돌아서게 합니다.

교회의 하모니

합창단이나 찬양대만 하모니가 필요한 것이 아닙니다. 그리스도의 몸 된 교회에서도 하모니는 필수입니다. 교우 간에 하모니를 이루는 교회는 사랑이 충만합니다. 그러나 하모니에 관심 없는 교회는 다툼과 분열이 끊이질 않습니다.

이런 경우도 있습니다. 충성을 다하라는 말씀에 순종하여 교회에서 아침부터 저녁까지 두세 개의 사역을 맡아 죽도록 충성하는 분들이 많이 있습니다. 그런데 어느 날 과부하가 걸려 탈진하는 것을 종종 볼 수 있습니다.

"왜 나만 이렇게 해야 하지? 너무 힘들다. 피곤해, 지쳤어요. 아무도 날 알아주지 않아!"

더한 경우도 있습니다. 열심을 내어 앞만 보고 달리다보니 주위를 보지 못하기가 일쑤입니다. 나 혼자 앞서 가는 지나친 충성은 성도들과 하모니를 이루지 못하게 합니다.

이렇게 나 혼자 충성하는 사람들이 교회 공동체의 '영적 비브라토'들이 될 수 있습니다. 그래서 자신의 목소리를 크게 내고, 자신의 주장만이 옳고, 다른 성도들의 의견은 무시하고, 결국 성도들과 화음, 하모니를 이루지 못합니다. 이런 영적 비브라토들이 많아지면 교회는 분쟁하고 분열됩니다.

교회는 사역의 하모니를 이루기 위해서 각 부서에 부서장과 교역자 그리고 교회에 담임 목사를 세우셨습니다. 하나님이 세우신 지휘자의 지휘에 순종할 때 교회는 아름다운 하모니가 가득하게 될 것입니다. 그러나 교회의 지휘자, 지도자들의 영적 권위를 무시하고 불순종하게 되면 교회에는 소음과 분쟁이 찾아옵니다.

좋은 교회

어떤 교회가 좋은 교회입니까? 성도 간의 사랑으로 하모니를 이루는 교회가 좋은 교회입니다. 만약 교회에서 내 뜻대로 안 된다고 화를 내는 분이 있다면 그 교인은 교회가 뭔지를 모르는 사람입니다. 교회는 내 뜻을 펼치는 곳이 아닙니다. 내 뜻을 펼치기 원하는 사람은 교회가 아니라 정치계로 나가면 됩니다. 교회는 하나님의 뜻이 하늘에서와 같이 땅에서도 이루어져야 하는 가장 대표적인 곳입니다. 내 뜻을 관철시키는 곳이 아니라 하나님의 뜻을 내 안에 이루어 가는 곳입니다. 그러므로 하나님이 찾으시는 그 교회, 건강한 교회, 사랑으로 하모니를 이루는 교회가 되기 위해서는 하나님께서 세우신 영적 지도력에 순종해야 합니다.

행군을 할 때 맨 앞의 병사의 속도가 빠르면 뒤따르는 병사들이 따라가기 어렵습니다. 그러면 지휘관은 앞서가는 병사에게 속도를 천천히 하라고 지시하고 뒤처지는 병사에게는 속도를 빨리 하라고 지시를 합니다. 그래서 서로 행군 대열을 잘 이루어야 모든 장병이 성공적으로 행군을 마칠 수 있습니다.

교회는 공동체입니다

　예수님을 믿는 개인을 성도라고 부르지 절대로 교회라고 부를 수 없습니다. 그 성도의 믿음이 아무리 좋아도 교회가 아닙니다. 교회는 형제, 자매들과의 연합이 있을 때 비로소 교회라고 할 수 있습니다. 우리 교단 헌법 제2장 제10조에 보면 세례교인 15인 이상이 있어야 교회로 설립될 수 있습니다. 그 미만은 전도처 또는 기도처라고 합니다.

　우리는 멀었습니다. 교회는 참으로 멀었습니다. 무엇이 멀었다는 것입니까? 교회 밖에는 아직도 예수님과 먼 거리에 있는 사람들이 많습니다. 아직도 예수님이 세우신 교회와 다른 교회가 참으로 많습니다.

　내 인생을 내가 만들었습니까? 아닙니다. 교회를 내가 세웠습니까? 아닙니다. 인생도, 교회도 예수 그리스도께서 세우셨습니다. 그런데 내 인생의 주인은 예수님이 아니고 나 자신이라고 고집을 피우며 교회에 나오지 않습니다. 교회의 주인이 예수님이 아니라 자신의 것이라고 주장합니다. 참으로 멀었습니다. 많은 교회가 성도 간의 갈등과 분쟁으로 고통 받고 있는 이유는 교회 안에서 '나'를 주장하기 때문입니다. 성도들간에 하모니를 이루지 못하고 서로 동역하지 않기 때문입니다. 그렇다면 내가 다니는 교회는 어떤 교회입니까? 어떤 믿음의 공동체입니까? 나아가 어떤 교회가 되기를 소망하십니까? 어떤 교회이면 좋겠습니까? 당신이 섬기는 교회를 주변의 지인에게 어떤 교회라고 소개하고 자랑할 수 있겠습니까? 소개하고 자랑하는 그것이 바로 '전도'입니다. 내가 다니는 교회가 복음으로 '예·잘·성', '은혜로 소·공·동' 사랑으로 하모니한다고 당당히 소개할 수 있는 교회가 되기를 축복합니다.

사랑의 하모니(Harmony)

하모니란 '화성(和聲, 화할 화, 응할 화, 소리 성)' 또는 '조화(調和, 고를 조, 어울릴 조, 화합할 조, 서로 응하다 화)'를 말합니다. 그러므로 하모니, 화성과 조화는 '서로 잘 어울림' 을 뜻합니다. 필 하모니에서 Phil은 고대 그리스어로 '필레인', 즉 '사랑하다'는 뜻입니다. 그러므로 필하모니는 '화성을 사랑한다', '음악을 사랑한다'는 뜻입니다. 그러므로 우리 교회는 사랑으로 하모니, 즉 서로 사랑으로 잘 어울리는 공동체가 되기를 축복합니다.

처음 사랑

에베소서는 사도 바울이 주후 60-62년 사이 로마에서 가택연금 상태에 있을 때 에베소 교인들에게 보낸 편지입니다. 에베소 교회는 소아시아 즉 터키 지역의 일곱 교회 중 하나였습니다. 에베소는 소아시아 수도요 최대 도시로서, 그 지방의 교통의 요지이며 로마 행정의 중심이었습니다. 당시 기독교의 3대 중요 도시가 예루살렘, 안디옥, 에베소였습니다.

사도 바울은 52년경 제2차 선교여행(49-52년, 행 15:36-18:22)중 마지막에 에베소에 교회를 개척했습니다. 그 후 53-56년 제3차 선교여행(행

18:23 이하) 때, 약 2년간 이곳에 체류하면서 "두란노서원"을 세워 복음을 가르쳤습니다(행 19:9-10).

에베소서는 '교회론'을 강조한 서신입니다. 왜냐하면 주님은 건강한 교회를 하나님의 복음의 도구, 구원의 도구, 선교의 도구로 사용하시기 때문입니다. 바울 사도는 하나님의 예정 속에 있는 마지막 계획이 바로 건강한 교회를 세우는 것임을 말씀하고 있습니다. 그런데 바울 사도가 에베소 교회를 개척한 후 약 10여 년의 세월이 흐르면서 에베소교회는 처음 사랑을 상실하여 갔습니다. 그래서 사도 요한은 요한계시록 2장 4절에 이렇게 책망하였습니다.

> 그러나 너를 책망할 것이 있나니 너의 처음 사랑을 버렸느니라 (계 2:4).

처음 사랑을 버렸다는 말은 하나님을 사랑하지 않는 교회가 되었다는 말입니다. 때문에 참되고 건강한 교회, 사랑으로 하모니를 이루는 교회로 회복되기를 갈망하며 편지를 쓴 것입니다. 그래서 바울은 에베소 교인들을 향하여 이렇게 권면합니다.

첫째는 부르심에 합당하게 행하라! 우리가 왜 교회에 출석하고 함께 지체가 되었습니까? 내가 오고 싶어 온 것입니까? 그것도 틀린 말은 아닙니다. 그러나 우리가 오고 싶어 오기 이전에 하나님께서 저와 여러분을 이 교회로 부르셨습니다.

우리는 하늘의 부르심, 그리스도인은 하나님의 부르심을 입은 사람들입니다. 이것이 은혜요, 복인 줄 믿습니다. 사도 바울은 그 부르심에 합당하게 행하라고 권면합니다. 부르심은 받았지만 그 부르심에 합당하지 못하게 행하는 자들이 있다는 말씀입니다. 교회 안에서 부르심에 합당하지 못한 행위, 즉 불순종과 성도들 간의 비난과 수군거림과 불협화음이 있었습니다. 왜요? 하나님께서 나를 부르신 목적을 잊어 버렸기 때문입니다.

사명

부르심은 곧 '사명'을 말합니다. 성도가 사명을 잊어버리면 교회 안에서 세상 가운데서 예수 그리스도를 드러내지 못하고 자신을 드러내게 됩니다. 누가 복 있는 사람입니까? 사명을 받은 사람입니다. 나아가 그 받은 사명을 잊지 않고 능히 감당하며 사는 성도입니다. 소방관의 사명이 무엇입니까? 불을 끄는 것입니다. 만약 불을 보고 불을 끄지 않았다면 그것은 직무유기죄에 해당합니다. 경찰관의 사명은 치안과 질서를 유지하고 국민의 생명과 재산을 보호하는 일입니다. 그런데 도둑을 보고도 잡지 않는다면 그 역시 직무유기입니다. 그리스도인의 사명은 무엇입니까? 주님께서 피로 값 주고 세우신 교회를 사랑하는 것입니다. 주님의 몸 된 교회를 사랑하십니까? 어떻게 사랑하고 계십니까? 주께서 맡겨 주신 사명을 감당함으로! 만약 교회의 많은 사역을 보고도 남의 일 보듯 한다면 그것 역시 직무유기입니다. 그러므로 부르심에 합당하게 행하기 위해서는 모든 겸손과 온유, 오래 참음, 사랑, 서로 용납

하는 태도가 필요합니다. 이러한 태도는 성도 간의 조화, 하모니를 가져 옵니다.

둘째, 성령이 하나 되게 하신 것을 힘써 지키라! 우리 성도는 얼굴도, 성격도, 나이도, 직업도, 사는 형편도 다 다른데 어떻게 하모니를 이룰 수 있습니까? 이것은 불가능한 일입니다. 공산당 식으로 해도 안 됩니다. 그러나 성령, 곧 하나님의 영이 우리와 함께 하면 우리는 하나님 안에서 한 몸, 한 지체를 이룰 수 있습니다.

> 몸이 하나요 성령도 한 분이시니 이와 같이 너희가 부르심의 한 소망 안에서 부르심을 받았느니라 주도 한 분이시요 믿음도 하나요 세례도 하나요 하나님도 한 분이시니 곧 만유의 아버지시라 만유 위에 계시고 만유를 통일하시고 만유 가운데 계시도다 (엡 4:4-6).

'하나'를 7번이나 강조하고 있습니다. 교회의 교회 됨은 '하나' 되는 데 있습니다. 교회가 하나가 되지 못하면 교회로서의 사명을 감당할 수가 없습니다. 바울 사도는 빌립보교회를 향하여도 동일한 두 가지 권면을 합니다. 하나는 같은 마음을 품으라는 것입니다.

> 마음을 같이하여 같은 사랑을 가지고 뜻을 합하며 한마음을 품어 (빌 2:2).

이것이 하모니를 이룬 교회의 모습입니다. 그러면 어떻게 같은 마음을 품고 같은 사랑을 가지고 뜻을 합할 수 있습니까? 그리스도 예수의 마음을 품는 것입니다. 다음은 서로 동역하라는 것입니다.

> 아무 일에든지 다툼이나 허영으로 하지 말고 오직 겸손한 마음으로 각각 자기보다 남을 낫게 여기고 각각 자기 일을 돌볼뿐더러 또한 각각 다른 사람들의 일을 돌보아 나의 기쁨을 충만하게 하라(빌 2:3-4).

어떻게 다투지 않고 상대방을 높이고 동역할 수 있습니까? 그리스도 예수의 마음을 품는 것입니다. 주님은 제자들을 향해 이렇게 말씀하셨습니다.

> 새 계명을 너희에게 주노니 서로 사랑하라 내가 너희를 사랑한 것 같이 너희도 서로 사랑하라(요 13:34).

그러므로 주께서 우리를 사랑하신 것처럼 우리도 서로 사랑해야 합니다. 서로 사랑할 때 비로소 '하모니'를 이룰 수 있습니다. 서로 사랑하지 않으면 절대로 하모니를 이룰 수 없습니다. 사랑으로 하모니를 이룬 공동체는 감동입니다. 선한 영향력을 미칩니다. 당신이 섬기는 교회의 모든 사역과 동역이 사랑으로 하모니를 이루어 하나님이 찾으시는 그 교회가 되기를 축복합니다.

12장

말을 받은 사람들

베드로가 열한 사도와 함께 서서 소리를 높여 이르되 유대인들과 예루살렘에 사는 모든 사람들아 이 일을 너희로 알게 할 것이니 내 말에 귀를 기울이라(행 2:14).
그들이 이 말을 듣고 마음에 찔려 베드로와 다른 사도들에게 물어 이르되 형제들아 우리가 어찌할꼬 하거늘(행 2:37).

배워야 산다

"사람이면 다 사람이냐 사람 같아야 사람이지!"라는 말이 있습니다. 그러면 어떻게 하면 사람답게 살 수 있을까요? 사람이 사람답게 살려면 배워야 합니다. 사람이 무엇을 배우느냐에 따라 자신의 일생이 결정됩니다. 배운 것이 도둑질이면 도둑밖에 할 것이 없습니다. 그러므로 잘 배워야 합니다. 세계에서 배움에 대한 열정이 가장 높은 나라가 어느 나라일까요? 2012년 "월스트리트닷컴" 조사에 의하면 교육열이 높은 나라는 1위 캐나다, 2위 이스라엘, 3위 일본, 4위 미국, 5위 뉴질랜드, 6위 한국 순이었습니다. 우리 부모 세대는 일제 강점기, 그리고 한국전쟁을 거치면서 배울 기회가 없었고 또 배우려고 해도 배고픔을 먼저 해결해야 했기 때문에 배우지 못했습니다. 그러나 당신들은 배우지 못했어도 자식들은 논과 밭을 팔고, 소를 팔고 빚을 지면서도 가르쳤습니다. 그 자녀들에 대한 가르침의 열정이 오늘의 대한민국을 만들었습니다.

사람은 배워야 사람답게 살 수 있고, 가치 있게 살 수 있습니다. 흔히 "배워서 남 주나? 공부해서 남 주나?"라며 공부할 것을 독려하지만 그러한 독려는 결국 이기적인 배움을 넘어서지 못합니다. 그 배움으로 타인을 해롭게 할 수도 있습니다. 정말 좋은 배움은 남을 유익하게 하고, 배워서 남을 주는, 즉 그 배움이 타인과 사회를 살리는 것이어야 합니다. 진정한 배움은 자신의 유익을 넘어 타인을 유익하게 하는 배움이어야 합니다. 그러므로 '배워서 남을 주고, 공부해서 남을 유익하게 하라.'

고 가르쳐야 합니다.

이 배움이란 단지 지식을 축적하는 것을 의미하는 것은 아닙니다. 오늘날 지식은 엄청나게 증가했지만 사람다움은 상대적으로 더 잃어가고 있습니다. 물질과 문명의 풍요 속에 고독함, 외로움을 느끼는 사람들이 늘어나고 있습니다. 그래서 오늘날은 지식만 가득 찬 사람이 아닌 인성과 품성을 고루 갖춘 사람을 원합니다. 그런 사람으로 키워내기 위해서 학교에서 그리고 직장에서 군에서 소위 '인성 교육'을 하는 것입니다.

언어의 변화

진정한 배움은 자신을 성장과 성숙, 즉 변화로 이끌어 갑니다. 그 변화는 인성의 변화, 인격의 변화, 곧 삶의 변화이어야 합니다. 신앙생활도 그 변화의 과정입니다. 그 변화에 가장 먼저 나타나는 것이 바로 '언어의 변화'입니다. 우리의 삶이 변화되면 먼저 '언어'부터 변화됩니다. 예수님을 그리 오래 믿었어도 말이 변화되지 않으면 불행하게도 그 성도는 성령을 받은 사람이 아닙니다. 마치 사마리아 그리스도인들처럼 성령이 있음을 듣지 못하고 믿는 사람들입니다. 나는 과연 성령 충만한 그리스도인입니까? 만약 '예'라고 대답했다면 무엇으로 성령 충만함을 받았다고 확증할 수 있습니까? 초대교회 120명의 제자들이 마가의 다락방에 모여 성령의 충만함을 받았을 때 가장 먼저 어떤 현상이 나타났습니까? 그들의 언어가 바뀌었습니다.

그들이 다 성령의 충만함을 받고 성령이 말하게 하심을 따라 다른 언어들로 말하기를 시작하니라 (행 2:4).

성령 하나님이 제자들의 언어를 지배하시고 통제하셨습니다. 그리고 그들의 말이 아닌 다른 말로 말하였습니다. 이것이 성령 충만함의 첫 번째 현상이었습니다. 술 취한 사람을 보세요! 자신들이 누구의 지배를 받아 말합니까? 술! 세상에 내 입을 내가 아닌 다른 어떤 존재에 의해서 통제받고, 지배를 받는 다는 것은 상상조차 할 수 없었던 일 아닙니까? 사람의 일생은 말로 시작하여 말로 끝난다고 해도 과언이 아닙니다. 우리는 의식이 있는 한 끊임없이 말로 대화를 합니다. 말이 없는 인간 사회는 상상할 수 없습니다. 사람은 태어나면서 말을 배웁니다. 처음에는 눈빛으로 그리고 옹알이로, 그 다음 단어 하나씩을 말하게 됩니다. 옹알이만 해도 얼마나 좋은지 모릅니다. 말을 배우며 부모와 소통을 시작하고 친구와 소통을 시작하고 사회와 소통을 시작합니다. 그리고 그 사용하는 말이 곧 그 사람의 인격과 품격을 드러내게 됩니다.

할머니와 할아버지가 나들이를 가게 되었습니다. 한참 걷다가 피곤함을 느낀 할머니가 "영감 나 좀 업어 줄 수 없어?"라고 말했습니다. 할아버지는 업어 주기 싫었지만 나중에 들을 잔소리가 겁이 나 할머니를 업어 주었습니다. 업혀 가던 할머니는 조금 미안했던지 "영감! 나 무겁지?"라고 하였습니다. 그러자 할아버지는 "그럼 무겁지."라고 퉁명스럽게 쏘아붙였습니다. "왜? 무거워?" 하고 되묻자 할아버지가 대답했습니다.

"머리는 돌덩이지, 얼굴은 철판이지, 간은 부었으니까 그렇지!"

돌아오는 길에 할아버지가 다리를 다쳤습니다.

"할멈 다리가 아파, 나 좀 업어 줘."

할머니는 갈 때의 일을 생각해 할아버지를 업어 주었습니다. 미안한 할아버지가 물었습니다. "할멈 나 무겁지?" 하면 자기를 따라할 것 같아서 "할멈 나 가볍지?" 하고 물었습니다. 그러자 "그럼 가볍지!"라고 할머니가 대답했습니다. 할아버지가 말합니다.

"아니 무겁지 왜 가벼워?"

할머니가 대답했습니다.

"머리는 비었지, 입은 싸지, 허파엔 바람만 잔뜩 들었지. 그러니 가볍지!"

아무리 부부 사이라도 가는 말이 고와야 오는 말이 고운 법입니다.

"혀를 다스리는 것은 나지만 내뱉어진 말이 나를 다스린다."

"입술의 30초가 가슴의 30년이 된다."

이런 격언은 말의 중요성을 의미합니다. 말은 그 사람이 품은 마음에서 나오는 것입니다. 그 사람의 마음에 가득한 것이 입 밖으로 튀어 나오는 것입니다. 악이 가득하면 욕이 나오고 긍휼이 가득하면 위로의 말이 나오는 것입니다. 그러므로 "내 말은 내 신앙이요 인격"임을 알아야 합니다.

성령이 말하게 하심을 따라

베드로와 열한 사도는 분명 변화 받은 모습으로 유대인들과 예루살렘에 사는 모든 사람을 향해 담대하게 예수 그리스도의 복음을 선포하고 있습니다. 무엇이 그들을 변화시켰습니까? 성령! 제자들은 성령을 체험했습니다. 하나님을 체험했습니다. 하나님께서 함께 하신다고 하니 자신감이 생겼습니다. 담대해졌습니다. 왜 베드로는 자신의 말에 귀를 기울이라고 하는 것입니까? 사람을 살리는 말이기 때문입니다.

베드로와 열한 사도 그리고 그곳에 모인 120명의 제자들의 마음에 성령이 충만하게 임했습니다. 성령이 가득하게 되니 성령께서 원하시는 말을 할 수 밖에 없었습니다. 예수님의 십자가 앞에서 그렇게 비겁하게 예수님을 모른다고 부인하고 저주하고 부인하던 말이 변하여 담대히 예수를 말하고 있습니다. 그것은 말하는 주체가 자신이 아니라 거룩한 하나님의 영이 말하게 하시기 때문입니다. 예수님은 제자들이 복음 전파를 하면서 겪게 될 고난에 대하여 이렇게 말씀하셨습니다.

> 너희를 넘겨 줄 때에 어떻게 또는 무엇을 말할까 염려하지 말라 그 때에 너희에게 할 말을 주시리니 말하는 이는 너희가 아니라 너희 속에서 말씀하시는 이 곧 너희 아버지의 성령이시니라(마 10:19-20).

우리의 삶 속에서 말씀하시는 분이 누구입니까? 성령 하나님이십니다. 베드로는 이렇게 담대하게 말씀을 할 제자가 아니었습니다. 그런데 그의 말이 변했습니다. 왜? 성령 충만함을 받았기 때문입니다. 그리고 성령 충만함을 받음으로 그는 담대히 이스라엘 제사장과 백성들을 향하여 자신의 말을 들으라고 호소합니다.

① 내 말에 귀를 기울이라(행 2:14).
② 이스라엘 사람들아 이 말을 들으라(행 2:22).
③ 그들이 이 말을 듣고(행 2:37)
④ 여러 말로 확증하며 권하여(행 2:40)
⑤ 그 말을 받은 사람들은(행 2:41)

베드로 사도는 유대인들을 향하여 담대히 말하였습니다. 그 말의 중요 내용은 이렇습니다.

① 말세에 하나님의 영을 모든 육체에 부어 주신다(행 2:17).
② 누구든지 주의 이름을 부르는 자는 구원을 받는다(행 2:21).
③ 너희가 회개하여 각각 예수 그리스도의 이름으로 세례를 받고 죄 사함을 받으라 그리하면 성령의 선물을 받는다(행 2:38).
④ 너희가 이 패역한 세대에서 구원을 받으라(행 2:40).

그들이 사도의 가르침을 받아 서로 교제하고 떡을 떼며 오로지 기도하기를 힘쓰니라(행 2:42).

이 베드로의 말은 받을 사람들이 세례를 받았고 그 수가 3천 명이나 되었습니다. 그 3천 명은 사도들의 가르침을 받았습니다. 무슨 가르침을 받았습니까? 너희들이 죽인 예수가 바로 살아계신 하나님이시요, 그분이 '구세주' 되심을 가르쳤습니다.

그런데 사도들이 가르침을 무엇으로 합니까? 말로! 그 사도들의 말의 위력은 성령께서 보증하셨습니다. 사도의 가르치는 말의 위력은 3천 제자들로 하여금 그 말씀을 거부하지 않고 받도록 했습니다. 말씀을 받은 유대인들은 받은 말씀에 순종하였습니다. 그래서 날마다 마음을 같이하여 성전에 모이기를 힘쓰고 기도하기를 힘쓰며 집에서 떡을 나누며 교제하였습니다(행 2:42, 46). 이것이 초대 그리스도인들의 소통의 모습이었습니다. 그리고 그들은 다 함께 모든 물건을 서로 통용하였고 재산과 소유를 팔아 각 사람의 필요에 따라 나눠 주었습니다(행 2:43-44). 그들은 기도하기를 힘썼습니다. 그 결과가 이렇게 나타났습니다.

> 하나님을 찬미하며 또 온 백성에게 칭송을 받으니 주께서 구원 받는 사람을 날마다 더하게 하시니라(행 2:47).

초대 교인들은 사도들로부터 '말을 받은 사람들'이었습니다. 그 말은 단순한 사람의 말이 아니라 하나님의 말씀을 대언(代言)하는 것이었습니다. 그들이 사도들의 말을 받을 때 그 말과 함께 충만한 성령을 받았습니다. 그 결과 그들은 십자가에 죽으시고 부활하시고 승천하신 예수 그리스도를 '메시아'로 믿고 섬기며 예배했습니다. 이것이 '복음으로 예잘성'하는 모습입니다. 그들은 서로 떡을 떼며 물건을 통용하며 교제하며 기도하였습니다. 이것이 '은혜로 소공동'하는 모습입니다. 초대교인들은 온 백성에게 칭송을 받았습니다. 이것이 '사랑으로 하모니'를 이루는 모습입니다.

그렇습니다. 진정 부활하신 주님을 만난 사람, 성령 충만함을 입은 사람은 그 입술에서 찬송이 끊이지 않습니다. 성령 충만함을 받은 3천 명은 그들의 언어와 인성과 성품 때문에 온 백성에게 칭찬을 받았습니다. 참으로 충격적인 모습이요 오늘을 사는 우리가 본받아야 할 모습입니다. 초대교회 그리스도인들은 오늘 우리의 모습과는 차원이 다른 모습을 보여 주었습니다. 한 가지 묻고 싶습니다.

"당신은 하나님의 말씀을 받은 그리스도인입니까?"
"당신은 성령 받은 그리스도인입니까?"
"성령 하나님은 오늘도 우리 삶 속에 역사하고 있음을 믿습니까?"

'아멘'이라고 대답하신다면 초대교인들처럼 우리 입술의 말이 성령에 의하여 지배를 받고 통제를 받아 죽어 가는 생명을 살리는 말이 되어야 합니다. 하나님의 말씀을 순전히 받음으로 상한 심령이 위로를 받고, 치유와 회복의 역사가 일어나며, 이웃을 향한 섬김으로 지역사회에 칭송받는 그리스도인이 되기를 축복합니다.

13장

바람과 불의 역사

마치 불의 혀처럼 갈라지는 것들이 그들에게 보여 각 사람 위에 하나씩 임하여 있더니 그들이 다 성령의 충만함을 받고 성령이 말하게 하심을 따라 다른 언어들로 말하기를 시작하니라(행 2:3-4).

영원한 관계

세상에서 아름답고 변함없고 영원한 관계가 있을까요? 그런 관계는 어떤 관계라고 생각하십니까?

① 친구 관계
② 형제 관계
③ 부모 자식 관계
④ 부부 관계
⑤ 스승과 제자 관계

친구 관계는 영원합니까? 어릴 적 친구와 변함없이 우정을 유지하는 관계도 있습니다. 그러나 시간이 지나고 상황과 환경이 바뀌면 그 친구 관계도 얼마든지 변합니다. 그래서 친구 관계도 둘 다 잘되어야 관계가 지속되는 것이지 만약 한 친구는 좋은 직업을 갖는 반면 다른 친구는 백수라고 한다면 서로 지속적 만남이 어려울 수도 있습니다.

형제 관계는 어떻습니까? 돈 앞에서는 형제가 있어요? 없어요? OO 그룹의 소위 왕자의 난이라고 국민들의 눈살을 찌푸리게 한 사건을 아시지요? 왜 형제끼리 싸웁니까? 돈 때문에! 저들 가운데 돈이 부족해서 싸웁니까? 아닙니다. 그 많은 돈이 있어도 돈을 더 차지하겠다고 싸웁니다.

부모와 자식 관계는 어떻습니까? 자녀를 위하여 목숨을 버리는 부모도 있습니다. 자신은 죽고 아이를 이 세상에 빛을 보게 하는 산모도 있습니다. 반면에 갓 태어난 핏덩어리를 버리는 산모도 있습니다. 자녀는 부모의 사랑과 희생을 잊어버리고 늙으신 부모를 방치하여 고독사에 이르게 하는 경우는 심심찮게 뉴스를 통해 확인할 수 있습니다.

부부 관계는 어떻습니까? 그토록 사랑하여 백년해로 하겠다고 결혼했습니다. 남남 사이였는데 사랑으로 점 하나를 빼서 '님'이 되었다가 시간이 변하고 상황이 변하면 사랑도 변하여 다시 점을 붙여서 '님'에서 '남'으로 돌아가는 경우는 이제 흔한 시대가 되었습니다. 더한 것은 보험금을 노리고 남편 또는 아내를 살해하는 경우도 있습니다.

스승과 제자 관계는 어떻습니까? 인생에서 좋은 스승을 만나고 좋은 제자를 만나는 것은 복입니다. 좋은 스승이란 무릇 가르침뿐만 아니라 삶의 본보기가 되어야 합니다. 더욱이 신앙의 스승은 믿음과 삶의 본이 되어야 합니다. 스승과 강사의 차이가 무엇입니까? 지식만 전달하면 강사요, 지식에 사랑을 더하면 스승이 되는 것입니다. 그런 스승이 과연 얼마나 될까요?

하나님과의 관계

우리 삶의 모든 관계를 비관적으로 바라보라는 말씀이 아닙니다. 아름다운 친구 관계, 형제 관계, 부모와 자녀 관계, 부부 관계, 스승과 제자 관계가 있습니다. 그러나 모든 관계가 다 영원할 수 없다는 데에 문제가 있습니다. 그런데 성경은 변함이 없는 영원한 관계를 말씀하고 있습니다. 바로 하나님 아버지와 우리의 관계입니다. 하나님 아버지와 우리들의 관계가 변함이 없는 것은 우리가 잘 해서가 아닙니다. 우리는 부인하고 배신하고 외면하지만 신실하신 하나님은 어제나 오늘이나 영원토록 우리와의 관계를 붙들고 계십니다.

> 예수 그리스도는 어제나 오늘이나 영원토록 동일하시니라(히 13:8).

영원한 관계는 '신실한 관계'를 말합니다. 우리는 하나님 앞에서 신실하지 못할 때가 많지만 하나님은 언제나 신실하십니다. 하나님은 변함이 없으십니다. 사복음서에 보면 제자들의 모습은 신실한 것 같았지만 신실하지 못했습니다. 그 생각이 바뀌어 예수님을 팔았고, 죽기까지 따르겠다고 했지만 예수님의 십자가 앞에서 숨고 도망갔습니다. 그랬던 제자들이 사도행전에 넘어 오면 물불을 가리지 않고 복음을 전하다 순교자의 길을 걷게 됩니다. 베드로가 공회의 제사장들과 사두개인들 앞에서 담대히 예수 그리스도를 증거하였고(행 4장), 스데반은 복음을 증거하다 돌에 맞아 순교하였고(행 7장) 요한의 형제 야고보도 헤롯왕의 손에 순교하였습니다(행 12장). 어떻게 이런 일이 가능했을까요? 도대체 제자들에게 무슨 일이 있었던 것일까요? 두 가지 충격적인 사건 때문입니다.

첫째는 부활하신 예수님을 만났습니다. 둘째는 성령을 받았습니다.

성령 충만

부활 후 40일 동안 머무신 주님은 제자에게 예루살렘을 떠나지 말고 아버지께서 약속하신 것을 기다리라고 분부하셨습니다. 아버지께서 약속하신 것은 보혜사, 곧 성령세례를 받는 것이었습니다. 주님의 명령대로 사도들과 제자들 약 120명이 마가의 다락방에 모였습니다(행1:15). 그들이 주님의 말씀을 믿고 기다릴 때 마가의 다락방에 성령세례, 성령 충만함의 역사가 일어났습니다. 급하고 강한 바람 같은 소리가 온 집에 가득했습니다. '바람'은 '프노에', '영'은 '프뉴마'로 모두 같은 헬라어원에서 나왔습니다. 열왕기상 19장, 시편 104편 4절에 보면 '하나님의 영'은 '급한 바람'으로 묘사됩니다. 성경에서 '바람'은 하나님의 임재를 상징합니다.

> 그들이 다 성령의 충만함을 받고 성령이 말하게 하심을 따라 다른 언어들로 말하기를 시작하니라(행 2:4).

열두 사도들 뿐 아니라 120명의 모든 제자들은 성령의 충만함이라는 새로움을 경험했습니다. 성령 충만은 사도행전과 에베소서 5장 18절 두 곳에 나옵니다.

> 술 취하지 말라 이는 방탕한 것이니 오직 성령으로 충만함을 받으라 (엡 5:18).

한 가지 구별해야 할 개념이 있습니다. 성령세례는 단회적 사건으로 세례를 받을 때 일어납니다. 반면에 성령 충만은 지속적이고 반복적으로 일어납니다. 성령 충만이란 무슨 의미입니까?

성령 충만이란 '자신이 하나님의 영에 지배와 통치를 받는 상태'를 말합니다. 무당은 귀신에 의해 지배를 받는 사람입니다. 반면에 그리스도인은 하나님의 영, 곧 예수 그리스도의 영을 받은 사람입니다. 그래서 그리스도인은 하나님의 영에 다스림을 받는 사람입니다. 그러면 이렇게 물어야 합니다. '나는 그런 목사인가? 나는 그런 장로인가? 나는 그런 권사인가? 나는 그런 성도인가?' 남녀가 사랑을 하게 되면 어떤 현상이 나타날까요? 온통 그 남자, 그 여자 생각으로 가득 찹니다.

> 앉으나 서나 당신 생각
> 앉으나 서나 당신 생각
> 떠오르는 당신 모습 피할 수 없는 내 마음

그래서 서로에 대한 사랑으로 가득 차게 되면 개인적인 삶을 포기하고 서로의 삶을 구속하고 지배하기를 원합니다. 그것이 곧 결혼입니다. 사람은 일상의 생활에서 나의 정신, 나의 마음, 나의 영에 의해 지배를 받습니다. 그래서 오늘날 소위 '마음 수련' 또는 '마음 공부' 등의 강좌가 인기를 끌고 있습니다. 자신의 마음을 잘 다스리면 행복한 사람이 된다는 것입니다. 그리스도인은 이런 강좌에 미혹되지 말아야 합니다. 그런데 자신의 마음을 잘 다스리는 것을 거부할 사람이 누가 있습니까?

문제는 내 마음대로 못하기 때문에 문제 아닙니까?

소위 귀신의 영을 받고 사는 사람을 무당이라고 합니다. 반면에 그리스도인은 그리스도의 영으로 지배를 받고 다스림을 받는 사람을 말합니다. 내 마음을 내가 컨트롤 하는 것이 아니라 하나님의 거룩한 영에 의해 컨트롤 받기를 원하는 것입니다. 그래서 누구든지 하나님의 영을 받고 나면 놀라운 일이 일어납니다. 입술을 열어 내 인생의 주인은 내가 아니라 하나님이라고 고백하며, 나는 죄인임을 고백하며, 그 죄에서 나를 구원하실 이는 예수 그리스도라고 고백하는 역사가 일어납니다.

> 그러므로 내가 너희에게 알리노니 하나님의 영으로 말하는 자는 누구든지 예수를 저주할 자라 하지 아니하고 또 성령으로 아니하고는 누구든지 예수를 주시라 할 수 없느니라(고전 12:3).

당신은 성령의 사람입니까? 성령 충만함을 받았습니까? 모든 그리스도인은 하나님의 영을 받은 사람들입니다. 예수를 주라고 고백하는 사람은 성령 하나님께서 그 사람 안에 역사한다는 증거입니다. 예수 그리스도가 바로 하나님이시요 나의 구원자로 믿고 있는 것 자체가 성령을 받은 증거입니다. 어떤 사람은 이렇게 말합니다.

"교회 나오고 예배드리면 됐지 굳이 성령 충만할 필요가 있습니까?"

어떤 이는 성령 충만함은 오직 순복음 교인들에게 필요하다고 생각하는 분들도 있고 성령 충만이란 용어에 대하여 자신과는 상관없다거나 거부하는 성도가 있습니다. 그러나 이것은 성령 충만함이 무엇이고 왜 성령 충만해야 하는지에 대하여 가르쳐 주지 않고, 무조건 강요했기 때문에 몰라서 그렇습니다. 예전에 부흥회에 참석을 하면 부흥사들이 자랑스럽게 이야기합니다. 자신은 소나무 몇 그루 뽑고 나서야 성령을 받고 은사를 받고 능력을 받았다고 합니다. 그러니 여러분들도 소나무를 뽑으라고 말입니다.

저도 신학대학교 다닐 때(서울 광장동) 밤에 아차산에 기도하러 종종 올라갔습니다. 그리고 소나무를 붙잡고 밤새워 소리 질러 기도했습니다. 그런데 소나무도 소나무 나름이더라고요. 큰 소나무도 있고 작은 소나무도 있습니다. 잘못해서 큰 소나무가 걸리면 아무리 애를 써도 뽑혀지지 않습니다.

어떤 이는 성령을 받기 위해서 공동묘지에 가서 기도해야 한다고 하고, 어떤 이는 낭떠러지에 가서 기도해야 한다고 합니다. 모두가 비성경적입니다. 당신은 신앙생활하면서 교우들로부터 어떤 소리를 듣고 싶습니까? 제가 목회하면서 정말 듣고 싶은 말은 "저 사람은 성령 충만한 목사다! 저 목사는 하나님의 사람이다! 저 목사는 신령한 사람이다!"라는 소리입니다.

그렇게 오랫동안 교회를 다니고 신앙생활했어도 왜 여전히 육신의 정욕과 안목의 정욕과 이생의 자랑(요일 2:16)에 따라 살아갑니까? 왜 온전한 헌신이 없고 말씀에 순종하지 못할까요? 그것은 성령의 충만함을 사모하지 않기 때문이요, 성령 하나님이 내 안에 충만하게 역사하지 못하기 때문입니다. 왜 성령이 충만하게 역사하지 못할까요? 우리의 마음과 영혼이 하나님 앞에 회개하는 삶이 없기 때문입니다. 그 연약한 모습이 제 안에 있음을 고백하지 않을 수 없습니다. 베드로 사도가 유대인들을 향해서 외칩니다.

> 베드로가 이르되 너희가 회개하여 각각 예수 그리스도의 이름으로 세례를 받고 죄 사함을 받으라 그리하면 성령의 선물을 받으리니 (행 2:38).

베드로 사도는 성령을 선물로 받기 위하여 "회개하라."고 촉구하고 있습니다. 예수님과 세례 요한의 첫 마디가 바로 "회개하라, 천국이 가까이 왔다."는 것이었습니다. 회개하지 않으면 천국도 성령도 아무런 상관이 없습니다. 천국은 하나님 앞에 자신의 죄를 내 놓은 자, 곧 회개한 사람만이 들어 갈 수 있으며 하나님의 영은 깨끗한 심령, 곧 한 번도 죄를 짓지 않은 사람이 아니라 회개한 사람에게 머무십니다. 그렇다면 예수님은 왜 우리가 성령 충만하기를 원하실까요?

첫째, 사명을 감당하기 위해서입니다. 그리스도인이란 그리스도를 따르는 사람을 말합니다. 그리스도를 따르는 사람이란 그리스도께서 맡기신 일을 감당하는 사람, 곧 사명자를 말합니다.

> 하나님이 말씀하시기를 말세에 내가 내 영을 모든 육체에 부어 주리니 너희의 자녀들은 예언할 것이요 너희의 젊은이들은 환상을 보고 너희의 늙은이들은 꿈을 꾸리라 (행 2:17).

예언, 환상, 꿈은 사명을 말합니다. 아무나 예언하고 아무나 환상을 보는 것이 아니고, 아무나 꿈을 꾸는 것이 아닙니다. 아무나 주님의 몸 된 교회에서 직분을 받는 것이 아닙니다. 주님은 그 사명을 감당할 성령의 충만함도 주십니다. 여러분도 성령의 충만함을 입어 예언하며, 환상을 보며, 꿈을 꾸는 사명을 감당하시기를 축복합니다.

둘째, 능력 있는 삶을 살기 위해서입니다. 세상 일이야 자신의 실력과 능력이 있어야 합니다. 그러나 하나님의 일은 내 실력과 능력이 아니라 성령을 받아야 감당할 수 있습니다. 하나님의 일은 자신의 능력을 의지하면 실패합니다. 그러나 하나님의 능력을 의지하면 의지할수록 감당할 수 있습니다. 그런데 교회 안에서 직분을 받고도 사역을 맡기려 하면 왜 못한다고 주저할까요? 그것은 그 분이 성령의 충만함을 입지 못했기 때문입니다. 그러므로 내가 주님의 일을 감당하기 위해서는 능력 주시는 자 곧 성령의 충만한 임재를 날마다 경험해야 합니다.

내게 능력 주시는 자 안에서 내가 모든 것을 할 수 있느니라(빌 4:13).

셋째, 열매 맺기 위해서입니다. 사과나무의 임무는 탐스런 '사과 열매를 맺는 것'입니다. 이처럼 그리스도인의 임무는 아름다운 삶의 열매를 맺는 것입니다. 열매 없는 인생, 열매를 바라보지 않고 살아가는 인생을 '화류계(花柳界) 인생'이라고 합니다. 화(花) 자가 꽃 화 자입니다. 인생의 열매가 아니라 꽃을 추구하면 결말은 쓸쓸함, 외로움, 허무함뿐임을 알아야 합니다. 그리스도인은 꽃을 바라보는 인생이 아니라 열매를 바라보아야 합니다. 사도 바울은 그리스도인이 맺어야 할 열매를 이렇게 말씀하고 있습니다.

> 오직 성령의 열매는 사랑과 희락과 화평과 오래 참음과 자비와 양선과 충성과 온유와 절제니 이같은 것을 금지할 법이 없느니라(갈 5:22-23).

섬기는 교회 위에 바람과 불의 역사, 거룩하신 하나님의 영의 역사, 성령 충만함의 역사가 주님 오시는 그날까지 계속되기를 바랍니다.

14장

예수를 잃은 교회

그들이 모였을 때에 빌라도가 물어 이르되 너희는 내가 누구를 너희에게 놓아 주기를 원하느냐 바라바냐 그리스도라 하는 예수냐 하니(마 27:17).

예수가 없다

오래 전 아내와 "남자가 사랑할 때"라는 영화를 보았습니다. 첫 장면이 목사의 기도 장면이었고 이내 그 목사가 노름 중독자였습니다. 그만큼 기성 종교와 타락한 성직자에 대한 반감이 영화를 통해 드러내고 있는 것입니다. 그럼에도 영화의 마지막에 이르러서는 교도소에 수감 중인 주인공은 십자가 악세사리를 아내에게 선물로 남깁니다.

영화감독은 타락한 교회와 목사에 내한 반감을 드러내면서도 죄인에게 필요한 것은 예수 그리스도의 십자가가 아닌가? 라고 질문하고 있습니다.

오늘 우리 삶에 과연 예수 그리스도의 임재가 있습니까? 목에 십자가 목걸이가 걸려 있지만 내 마음 속에 십자가가 있습니까? 사도 바울은 십자가는 유대인에게는 꺼리는 것, 이방인에게는 어리석게 보이지만 구원을 얻는 우리에게는 하나님의 능력이라고 고백했습니다. 그런데 오늘날 그리스도인들은 유대인과 다르고 이방인과 다르다고 하면서 예수 그리스도의 십자가를 직면하기를 거부합니다. 오늘날 그리스도인이나 교회가 세상의 질타를 받는 이유가 무엇입니까? 그것은 교회에 예수가 없고, 내 삶에 예수가 없기 때문입니다.

예수 없는 교회

저는 찐빵을 참 좋아합니다. 왜 좋아하느냐? 찐빵 속에 있는 팥 때문입니다. 만약 찐빵 속에 팥이 없다면 저는 찐빵을 먹지 않을 것입니다. 팥 앙금이 없는 찐빵이나 예수 없는 교회나 똑같은 말입니다. 교회에 예수님이 없다니 그게 무슨 말인가? 당신은 어떻게 생각하십니까?

예수님이 없는 교회가 있을 수 있습니까? 요한복음 2장에 보면 가나의 혼인잔치에 이어 예루살렘 성전 정화 사건이 나옵니다. 예수님은 예루살렘 성전 안에서 소와 양과 비둘기 파는 사람들과 돈 바꾸는 사람들이 앉아 있는 것을 보시고 노끈으로 채찍을 만드사 그들을 내 쫓으시고 돈과 상을 뒤엎으셨습니다. 이런 일을 행하는 주님을 향해 유대인들이 말합니다.

> 이에 유대인들이 대답하여 예수께 말하기를 네가 이런 일을 행하니 무슨 표적을 우리에게 보이겠느냐(요 2:18).

예수님께서 이렇게 대답하셨습니다.

> 예수께서 대답하여 이르시되 너희가 이 성전을 헐라 내가 사흘 동안에 일으키리라(요 2:19).

그 예루살렘 성전은 솔로몬 성전, 스룹바벨 성전에 이은 헤롯성전으로 46년 동안 지은 것입니다. 그런데 그것을 파괴하면 사흘 동안에 다시 세우겠다고 말씀하십니다. 왜 헐라는 것입니까? 예루살렘 성전에 하나님께서 임재하시지 않기 때문입니다. 주님은 어떤 성전을 세우겠다는 것입니까? 하나님의 임재가 있는 성전! 하나님의 영광이 있는 성전입니다. 예루살렘 성전은 어떤 곳입니까? 하나님의 임재가 있는 곳입니다. 하나님의 영광이 있는 곳입니다. 그러나 유대인들은 성전에서 하나님을 경험하기보다는 자신들의 육신의 이익을 채우는 장소로 변질시켜 버렸습니다. 그러므로 예루살렘 성전은 하나님의 임재가 없는 성전이었습니다. 그래서 주님은 그 성전이 허물어질 것을 말씀하신 것이었고 참된 성전을 우리 안에 다시 세울 것임도 말씀하신 것입니다.

> 너희는 너희가 하나님의 성전인 것과 하나님의 성령이 너희 안에 계시는 것을 알지 못하느냐(고전 3:16).

교회라고 다 예수님의 임재가 있는 것이 아닙니다. 예수님이 없는 교회가 있습니다. 하나님의 임재가 없는 예루살렘 성전은 이미 성전이 아니라고 선언하시듯 예수님이 없는 교회는 이미 교회가 아닙니다.

그렇다면 왜 교회에 예수님이 없을까요? 청주 분평동 쪽에 가면 사용하지 않는 교회 건물이 덩그러니 서 있습니다. 그 예배당을 바라볼 때 마음이 불편했습니다. 어떤 교인들인가 그 예배당을 지으면서 그 예배당 안에서 영과 진리의 예배를 드리며 하나님의 임재를 경험하고 하나님의 영광을 체험하길 원했을 것입니다. 어찌된 영문인지는 모르겠지만 그 교회 건물은 더 이상 사용되지 않습니다.

한 가지 질문을 드리겠습니다. 성령 하나님께서 당신이 섬기는 교회에 임재하고 계십니까? 그 교회에서 드리는 예배에 성령의 임재하심을 체험하고 계십니까? 만약 그렇다면 그렇게 생각하시는 근거가 무엇입니까?

그 근거는 바로 우리의 예배가 '영과 진리로' 드리고 있기 때문입니다. 우리의 예배가 하나님의 위대하심을 드러내며 하나님만을 높이고 있기 때문입니다. 예배는 콘서트가 아닙니다. 콘서트는 그 연주자의 예술적 능력을 마음껏 드러내는 자리입니다. 훌륭한 재능을 감상한 후 힘찬 박수를 보냅니다. 그러나 예배는 예배를 드리는 사람이 드러나는 자리가 아닙니다. 예배의 영광은 오직 하나님의 영광이어야 합니다. 하나님을 향한 뜨거운 찬송과 기도, 하나님의 말씀이 선포될 때 주님은 그 예배 가운데 함께하시며 영광을 받으실 줄 믿습니다.

하나님의 영광이 임재하는 교회

그러므로 교회의 영광, 성도의 영광은 예배를 통해서 하나님을 체험하는 데 있습니다. 교회는 본질적으로 하나님의 영광을 드러내야 합니다. 그리스도인의 최고의 임무는 우리를 통해서 하나님의 영광을 드러내는 것입니다. 성도가 모여 함께 기도하고 찬송하고 말씀을 사모할 때 우리는 하나님의 찬란하고 위대한 영광을 드러낼 수 있습니다. 이렇게 하나님의 영광을 드러낸 사람들이 모인 예배당 또한 하나님의 영광으로 충만하게 되는 것입니다. 그러므로 예수님이 교회에 계시지 않는다는 것은 영과 진리로 예배하는 참된 예배자가 없다는 것입니다. 진짜 크리스천이 사라졌기 때문입니다. 오늘날 누가 교회를 욕 먹이고 누가 예수님의 얼굴에 먹칠을 합니까? 불신자들입니까? 적어도 저들은 자신들의 잘못이나 죄를 지을 때 예수님의 이름으로 하지 않습니다. 그러나 어느 시대나 종교 사기꾼, 종교 장사꾼들은 모두 예수님의 이름으로 죄를 짓습니다. 예루살렘 성전 안에 있던 사람들이 누구입니까? 그 시대의 종교 전문가들이었습니다. 대제사장, 율법학자, 레위인, 서기관, 바리새인입니다.

그러나 그들은 진정한 예배자가 되지 못했습니다. 하나님의 영광을 빙자해서 자신들의 영광과 이익을 탐했습니다. 그렇다면 오늘 교회 안에는 누가 있습니까? 목사, 장로, 권사, 집사. 그렇게 직분을 세우신 목적이 무엇일까요? 그들을 통하여 하나님의 영광을 이 세상 한복판에 드러내기 위함입니다. 그렇게 하나님의 영광을 세상 가운데에 드러내는 것이 '선교'요, 교회의 사명입니다. 교회 안에서 자신의 이익을 조금이라도 찾는 순간 주님의 영광과는 상관없는 사역자가 될 것이며 주님은 그런 성도 안에 거하실 수 없습니다.

종교 시장

육군사관학교에서 사역할 때 생도들에게 종교를 소개합니다. 한 장교가 이렇게 종교를 소개합니다.

"어이 생도들! 기·천·불 어디든 다 좋아! 너희들 마음에 드는 것을 정해! 종교생활은 하는 것이 좋아!"

문제는 그렇게 권하는 장교는 신앙생활을 하지 않는다는데 있습니다. 이런 진정성 없는 권면에 귀를 기울일 생도는 없습니다. 22년간 군 선교 현장에서 참으로 가슴 아팠던 것은 마치 예루살렘 성전 앞의 소, 양, 비둘기를 팔던 장사꾼처럼 종교라는 시장에 예수를 내어 놓고 여러 종교 가운데 하나처럼 취급을 하는 그것이었습니다.

예루살렘 입성

예수님께서 유월절을 맞이하여 예루살렘 성에 입성합니다. 제자들이 예수님의 명하신 대로 나귀와 나귀 새끼를 끌고 와서 자기들의 겉옷을 그 위에 얹으매 예수님이 타셨습니다. 이제 예루살렘 성을 향한 행진이 시작되었습니다. 많은 무리들이 겉옷을 길에 펴고 종려나무 가지를 길에 펴고 손으로 흔들고 입으로 소리 높여 이릅니다.

> 앞에서 가고 뒤에서 따르는 무리가 소리 높여 이르되 호산나 다윗의 자손이여 찬송하리로다 주의 이름으로 오시는 이여 가장 높은 곳에서 호산나 하더라(마 21:9).

'호산나'는 '지금 우리를 구원하소서'라는 히브리어 낱말 호시아나 (הוֹשִׁיעָה־נָּא, אָנָּא הוֹשִׁיעָה)에서 왔으며 이는 '구원'을 뜻하는 아람어 오샤나

(אושׁנא)는 호시아나(הושׁיעה-אנ)의 준말입니다. 이스라엘 백성은 예수님을 로마의 압제로부터 구원해 줄 메시아로 생각했습니다. 그러나 이러한 이스라엘 백성들의 생각은 5일 만에 바뀌었습니다. 당시 풍습에는 유월절에 백성들의 청원대로 죄수 한 사람을 풀어 주는 전례가 있어 빌라도가 이스라엘 백성에게 묻습니다.

> 그들이 모였을 때에 빌라도가 물어 이르되 너희는 내가 누구를 너희에게 놓아 주기를 원하느냐 바라바냐 그리스도라 하는 예수냐 하니 (마 27:17).

> 총독이 대답하여 이르되 둘 중의 누구를 너희에게 놓아 주기를 원하느냐 이르되 바라바로소이다(마 27:21).

백성이 대답합니다. 그리고 이스라엘 백성들의 호산나 소리는 이렇게 바뀌었습니다.

> Crucify him(십자가에 못 으소서.).
> 빌라도가 이르되 어찜이냐 무슨 악한 일을 하였느냐 그들이 더욱 소리 질러 이르되 십자가에 못 박혀야 하겠나이다 하는지라(마 27:23).

그 선택의 순간이 지나고 이스라엘 백성 가운데 예수님은 없어졌습니다. 예수님은 더 이상 메시아가 아니었고 구원자가 아니었습니다. 왜 이스라엘 백성들의 외침이 '호산나'에서 "Crucify him"으로 바꾸었습니까? 주님이 자신들의 요구를 들어 주지 않았기 때문에! 자신들의 요구와 주님의 요구가 서로 달랐기 때문입니다. 오늘 한국 교회 안에 무엇으로 가득 차 있습니까? 주님을 향한 찬송과 주님의 영광으로 가득 차 있습니까? 아니면 우리의 요구로 가득 차 있습니까?

교회가 왜 세상 사람들의 입방아에 오르내립니까? 왜 세상의 뉴스에 교회의 세속화된 모습에 대한 질타가 이어집니까? 그것은 교회 안에 하나님의 영광이 아닌 목회자의 영광, 장로와 권사와 집사들의 영광으로 채워져 있기 때문입니다. 교회가 순전히 하나님의 영광을 드러낼 때 세상은 교회의 소금과 빛의 맛과 모습을 통하여 예수 그리스도를 경험하게 될 것입니다. 그러므로 자신들의 기대와 요구를 들어 달라고 외치는 '호산나' 소리로 가득한 교회가 아니라 오직 하나님의 영광으로 가득 찬 교회, 예수 그리스도의 생명의 복음으로 충만한 교회가 되기를 축복합니다.

예수를 잃은 교회, 예수를 잃은 기독교, 맛을 잃은 소금은 사람들의 발에 밟힐 뿐입니다.

3부

은혜의 회복
The Restoration of Grace

15장 | 영혼의 레스토랑
16장 | 행복이 열리는 나무
17장 | 신령한 젖
18장 | 풍성함으로의 초대
19장 | 누구의 것인가
20장 | 누가 나를 살리나
21장 | 천국은 있다
22장 | 배제와 포용의 시대

15장

영혼의 레스토랑

나를 믿는 자는 성경에 이름과 같이 그 배에서 생수의 강이 흘러나오리라 하시니(요 7:38).

물을 사는 시대

예전에 '돈을 물 쓰듯이 한다.'고 혼났습니다. 물은 흔한 것이었습니다. 그러나 지금은 '물을 돈 쓰듯이' 해야 하는 시대입니다. 물이 귀한 세상이 되었습니다. 우리나라에도 이미 30년 전부터 물을 돈을 주고 사 먹는 시대가 시작되었습니다. 오늘날 세계는 석유전쟁에서 '물의 전쟁'의 시대로 바뀌었습니다. 물을 파는 시대가 되었습니다. 수자원 확보를 위해서 국가 간 치열한 경쟁을 벌입니다. 예전에 대동강 물을 팔아먹은 '봉이 김선달' 이야기를 아시지요? 그런 나라가 있습니다. 싱가포르입니다. 싱가포르는 물 부족 국가입니다. 그런데 이웃 나라 말레이시아에서 물을 사다가 물을 정수하여 다시 팝니다. 말레이시아는 정수 능력이 부족하기 때문입니다. 지구 표면의 2/3를 차지하고 있는 것이 물입니다. 그런데 그 물 가운데 97.5%는 바닷물이고 2.5%만이 민물입니다. 세계 인구의 1/3 정도가 극심한 물 부족에 시달린다고 합니다.

우리나라는 물 기근(water-scarcity), 물 부족(water-stressed), 물 풍요(relative sufficency) 중 물 부족 국가에 해당합니다. 물 부족을 겪는 아프리카에서는 주민이 더러운 물을 마시며 생활하게 되고, 8초마다 한 명의 어린이가 수인성 질병으로 세상을 떠나고 있습니다. 그래서 아프리카에서 봉사하는 NGO 사역 중 '우물 파기'가 있습니다. 지상의 물은 말랐거나 오염이 되어 먹을 수가 없습니다. 그래서 150-200미터를 파야 깨끗한 물을 얻을 수 있다고 합니다.

사람도 물이다

사람의 몸도 70% 이상이 수분으로 이루어져 있습니다. 사람은 '걸어 다니는 물통'입니다. 우리는 흔히 결단력이 부족한 사람을 가리켜 '물탱이'라고 합니다. 그래서 6공화국 대통령이었던 노OO 씨를 향해 국민들이 '물탱이'라고 비판했습니다. 사람은 물을 보충하지 않으면 혈액이 끈적끈적해지고 피부가 건조해지고 생각이 합리적이지 못합니다. 어르신들의 경우는 다리에 쥐가 나기도 합니다. 그러므로 건강한 몸, 건강한 정신을 위하여 생수가 규칙적으로 공급되어야 합니다. 이처럼 신앙생활이 건강하고 아름답기 위해서는 날마다 하늘로부터 공급되는 신령한 생수를 마셔야 합니다. 우리의 영혼에 신령한 생수가 공급되지 아니하면 우리의 영혼은 메마르게 됩니다.

> 하나님이여 주는 나의 하나님이시라 내가 간절히 주를 찾되 물이 없어 마르고 황폐한 땅에서 내 영혼이 주를 갈망하며 내 육체가 주를 앙모하나이다(시 63:1).

건강한 육신이 때가 되면 갈증도 느끼고 배고픔도 느끼는 것처럼 사람의 영혼도 영적 갈증을 느낍니다. 그 영적 갈증을 느끼는 표시가 무엇일까요? 근심, 의심, 걱정, 불안, 공포, 분노, 불면증 등입니다. 그러면 영혼의 갈증을 어떻게 해갈할 수 있습니까?

주께서 주시는 말씀의 생수를 먹어야 합니다. 하늘로부터 내려오는 신령한 은혜의 단비를 내 영혼의 논에 대어야 합니다. 거북이 등처럼 쩍쩍 갈라진 메마른 논 위에 단비가 내리면 농부가 삽을 들고 나가 물꼬를 틀어 물을 대는 것처럼 하나님의 은혜의 단비가 쏟아질 때 그 은혜를 자신의 영혼의 논으로 물길을 내야 합니다. 그리하면 영혼이 치유되고 회복되는 역사가 일어납니다. 그 하나님의 은혜, 성령의 단비를 대 주는 곳이 바로 교회입니다. 하나님의 깊은 우물에서 영혼을 살리는 '생수를 끌어 올리는 곳'이 바로 교회인 것입니다.

그런 차원에서 교회는 모든 성도의 영혼의 양식을 채워 주는 '영혼의 레스토랑'입니다. 이 영혼의 레스토랑의 주 메뉴가 무엇입니까? 바로 '예배'입니다. 예배는 성도의 영적 호흡이요 식사입니다. 예배 없는 성도는 존재할 수 없습니다. 성경을 아무리 많이 읽고 알고 묵상한다 할지라도 예배 없는 영혼은 갈할 수밖에 없습니다. 왜냐하면 하나님께서는 사람을 예배하는 존재로 창조하셨기 때문입니다.

> 이 백성은 내가 나를 위하여 지었나니 나를 찬송하게 하려 함이니라 (사 43:21).

하나님께서 대대손손 우리의 영혼이 메마르지 아니하고 풍성하게 해 주시는 방법을 주셨는데 그건 바로 '예배'입니다. 초대교회는 제자들이 마가의 다락방에 함께 모여 기도하다가 성령을 받음으로 시작되었습니다. 그리고 주님의 부활하심을 기념하여 안식일 다음에 모여 예배를 드렸습니다. 그 예배 공동체가 바로 '교회'였습니다. 그러므로 교회는 본질적으로 '예배 공동체'입니다. 예수님께서 초막절에 갈릴리에서 예루살렘으로 은밀히 올라가셨습니다. 대제사장들과 바리새인이 예수님을 잡으려고 혈안이 되어 있는 초막절 중간에 예루살렘 성전에서 가르치셨습니다(요 7:14). 마치 설이나 추석에 우리 전통시장이나 백화점이 붐비는 것처럼 예루살렘 거리는 초막절을 맞아 사람들로 넘쳐 났을 것입니다.

생수의 강

초막절 기간 동안 제사장들은 아침마다 예루살렘 성 밖의 기혼 샘에 가서 금 항아리에 물을 길은 다음 백성들 사이를 지나 예루살렘 성전으로 갑니다(왕하 18:17). 성안에는 두 개의 못이 있는데 기혼샘을 윗 못, 실로암을 아랫 못이라고 불렀습니다. 이 기혼샘에서 물을 길어 와서 제단에 부으면서 모세가 바위에서 샘물을 냈던 기적을 재연하는 행사를 엽니다.

> 반석을 여신즉 물이 흘러나와 마른 땅에 강 같이 흘렀으니 이는 그의 거룩한 말씀과 그의 종 아브라함을 기억하셨음이로다(시 105:41-42).

나팔소리가 울려 퍼지면 그 길어온 물을 성전의 제단을 돌면서 뿌립니다(히브리인 달력으로 초막절은 1월 14일부터 21일까지 일주일간이고 오늘 우리 양력으로는 3-4월 중입니다.). 그리고 초막절 마지막 날을 '끝날' 또는

'큰 날'이라고 하는데 그날에는 여호수아가 여리고성을 일곱 바퀴를 돌았듯이 제단을 일곱 바퀴 돌면서 일곱 대접의 물을 끼얹었습니다. 이렇게 제사장들이 엄숙하게 물을 끼얹을 때 어느 시골 청년이 서서 외치기 시작합니다.

> 명절 끝날 곧 큰 날에 예수께서 서서 외쳐 이르시되 누구든지 목마르거든 내게로 와서 마시라 나를 믿는 자는 성경에 이름과 같이 그 배에서 생수의 강이 흘러나오리라 하시니(요 7:37-38).

이 사람이 바로 예수였습니다. 일반적으로 랍비들은 '앉아서' 가르쳤습니다. 하지만 예수님은 지금 '서서' 외치고 있습니다. 제사장들이 점잖게 물을 붓고 있는 때에 예수님은 지금 예루살렘 성전에서 서서 외치고 계신 것입니다. 이 시기가 대략 공생애의 2년 6개월 정도 지날 무렵일 것입니다. 예수님은 앞으로 6개월 후면 십자가를 지고 이 거리를 지나야 합니다. 그래서 다급한 마음으로 소리 높여 선포하는 것입니다.

"누구든지 목마르거든 내게로 와서 마시라!"

너희들이 이곳에 소나 양이나 염소나 비둘기를 드리고 제단에 물을 붓는다고 영혼의 목마름이 해결되는 것이 아니라 나를 믿을 때 나에게서 생수의 강이 흘러나오고 그 생수를 마셔야 목마름이 해결된다는 말씀입니다.

목마른 사슴 시냇물을 찾아 헤메이듯이

내 영혼 주를 찾기에 갈급하나이다

좋은 교회를 찾습니다

　많은 사람들이 좋은 교회를 찾아다닙니다. 우리 교회도 매 주일 예외 없이 어떤 교회인지 알아보기 위해서 찾는 그리스도인들이 있습니다. 그들 중 등록한 분의 고백에 의하면 '좋은 교회, 좋은 목사님'을 찾아 다녔다는 것이었습니다. 당신은 어떤 교회를 찾고 계십니까? 어떤 교회가 좋은 교회라고 생각하십니까? 예배당 건물이 크고 화려한 교회일까요? 아니면 건물이 작은 교회가 좋은 교회일까요?
　어떤 성도는 큰 교회를 좋아하고 어떤 성도는 작은 교회를 좋아합니다. 어려서부터 큰 교회를 다니면서 자란 성도는 작은 교회에 가면 불편해 합니다. 자신에게 쏟아지는 관심이 부담스럽다고 말하는 반면에 어려서부터 작은 교회를 다니면서 자란 성도는 큰 교회를 가면 불편해 합니다. 아무도 자신을 알아주지 않는 것 같고, 혼자인 것 같고, 어색하기만 합니다. 그러나 참된 교회는 크고 작음의 문제가 아닙니다. 마치 항공모함도 필요하고, 나룻배도 필요한 것처럼 교회도 큰 교회는 큰 교회대로, 작은 교회는 작은 교회대로 모두 주님의 교회이며 교회의 주인 되신 주님께서 그 교회의 사명대로 알맞게 사용하시는 것입니다. 그러므로 좋은 교회는 주님의 손에 붙잡혀 쓰임 받는 교회입니다.

좋은 예배자를 찾습니다

영화관에 갈 때 무엇을 기대하고 가십니까? 좋은 영화! 카페에 갈 때 무엇을 기대하고 가십니까? 맛있는 커피! 우리가 교회에 나올 때 무엇을 기대하고 나오십니까? 좋은 예배! 영혼의 갈증을 해갈시켜 주는 맛있는 예배입니다. 예배는 교회의 가장 본질적인 기능입니다. 예배를 드리지 않는 교회는 상상할 수 없습니다. 우리는 좋은 예배를 드리기 위해서 이처럼 아름다운 예배당을 건축한 것입니다. 그래서 주님 오시는 그날까지 그리고 하늘의 부름을 받는 그날까지 이 예배당에서 예배할 것입니다. 그렇다면 좋은 예배, 영혼의 목마름을 해갈시켜 주는 예배는 어떤 예배일까요?

믿음으로 드리는 예배가 좋은 예배입니다

> 믿음으로 아벨은 가인보다 더 나은 제사를 하나님께 드림으로 의로운 자라 하시는 증거를 얻었으니 하나님이 그 예물에 대하여 증언하심이라 그가 죽었으나 그 믿음으로써 지금도 말하느니라(히 11:4).

가인도 예배를 드리고 아벨도 예배를 드렸지만 하나님이 받으시는 예배는 아벨의 예배였습니다. 하나님은 모든 예배를 다 받으시는 분이 아닙니다. 어쩔 수 없이 억지로 드리는 예배가 아니라 오직 믿음으로 드리는 예배, 영과 진리의 예배만을 받으십니다.

감사로 드리는 예배가 좋은 예배입니다.

감사함으로 그의 문에 들어가며 찬송함으로 그의 궁정에 들어가서 그에게 감사하며 그의 이름을 송축할지어다(시 100:4).

예배당에 올 때 감사함으로 나와 예배를 드린 후 예배당 문을 나갈 때는 하늘의 기쁨으로 충만해서 나간다면 그는 틀림없이 행복한 성도입니다. 그러나 예배당에 나올 때 아무런 감동 없이 그저 습관을 따라 나와 시간만 때우고 간다면 참으로 불행한 성도가 아닐 수 없습니다. 예배의 자리는 어떤 자리입니까? 하나님과 만나는 자리입니다. 하나님을 경험하고 체험하는 자리입니다. 하나님만을 경배하는 자리입니다. 그러면 이 자리에 어떤 마음으로 나와야 합니까? 감사함으로! 하나님의 거룩하심 앞에 두려워 떠는 마음 즉 경외함으로 나아와야 합니다. 시편 150편을 한 마디로 요약하면 '감사의 시'입니다. 하나님을 경배하고 찬양하는 주된 내용은 '감사'입니다. 그렇다면 묻겠습니다. 지금 당신의 삶 속에 감사가 많습니까? 불평이 많습니까? 정말 우리가 예수 잘 믿는 성도면 감사가 넘치는 삶이 되어야 합니다. 하나님의 궁정에 들어가기 원하십니까? 감사로 나아가길 바랍니다. 우리가 드리는 감사는 하나님을 영화롭게 합니다. 감사함으로 사는 삶을 하나님께서는 옳다고 인정하십니다. 이렇게 감사로 나아가는 자에게 주시는 하나님의 복이 있습니다. 무엇일까요?

감사로 제사를 드리는 자가 나를 영화롭게 하나니 그의 행위를 옳게 하는 자에게 내가 하나님의 구원을 보이리라(시 50:23).

감사로 나아가며 감사의 예배를 드리는 자에게 하나님은 구원을 베풀어 주십니다.

성령님의 임재가 있는 예배, 영과 진리의 예배가 좋은 예배입니다

하나님은 영이시니 예배하는 자가 영과 진리로 예배할지니라 (요 4:24).

하나님은 모든 예배자의 예배를 다 받으시는 것이 아닙니다. 영과 진리로 드리는 예배를 받으십니다. 마음은 콩밭에 가 있으면서 몸만 예배당에 나와 있다면 그 예배는 하나님께서 받으실 수 없습니다. 반대로 몸은 콩밭에 있으면서 마음만은 예배당에 있다고 말한다고 하여 하나님이 받으시는 예배자가 되는 것은 아닙니다.

명절 끝날 곧 큰 날에 예수께서 서서 외쳐 이르시되 누구든지 목마르거든 내게로 와서 마시라 나를 믿는 자는 성경에 이름과 같이 그 배에서 생수의 강이 흘러나오리라 하시니(요 7:37-38).

주님이 주시는 생수는 성령을 의미합니다. 목마른 인생들이 해갈함을 얻는 방법이 바로 '성령'을 받으라는 것입니다. 모든 그리스도인들이 예배에 대한 목마름이 있기를 기도합니다. 그 목마름을 주님께서 해갈해 주실 때 인생의 기쁨이 있습니다. 주님께서 영혼의 목마름! 그 목마름이 있는 사람은 내게로 와서 예배하라고 하십니다. 예배는 예수 그리스도를 마시는 시간이요, 성령의 임재를 체험하는 시간입니다. 그러므로 당신이 드리는 예배를 통해서 주님을 마심으로, 성령의 기름을 받음으로 딱딱한 마음이 부드러워지기를 축복합니다. 죄로 수치스럽던 영혼이 깨끗함을 입고, 상처 받은 영혼이 치유되고 회복되어지기를 축복합니다.

컵 안에 물이 있습니다. 그 물을 마시면 건조한 입을 적실 수 있습니다. 그것이 물의 능력입니다. 그러나 물을 마시지 않으면 물은 능력을 발휘 할 수 없습니다. 아무리 강물에 몸을 담갔다 할지라도 입을 벌리고 물을 마시지 않으면 목마름을 해결할 수 없듯이 예배에 참석했다 할지라도 마음을 다하고 뜻을 다하고 힘을 다하여 입을 벌려 찬송하고, 말씀에 아멘으로 화답하지 않는다면 내 영혼의 목마름은 계속될 것입니다. 그저 잠시 몸만 담갔다 갈 뿐입니다. 예루살렘 성전에서 "나를 마시라."며 외치시는 예수님을 백성들이 믿지 않으면, 마시지 않으면 아무런 변화가 일어나지 않습니다. 수없이 예루살렘 성전 제단에 제물을 바치고 물을 붓는다 할지라도 영혼의 목마름은 해결되지 않아 딱딱하고 강퍅하고 메마른 영혼 그대로일 뿐입니다. 그러나 내 안의 모든 지, 정, 의를 동원하여 주님을 예배할 때 생수의 강이 흘러나오고, 성령의 역사가 일어나게 됩니다.

성령의 감동 속에서 오직 하나님만을 찬양하며, 하나님만을 영화롭게 하며 하나님만을 경배하는 예배, 주님이 받으시는 예배를 드려 날마다 구원의 감격이 새로워지길 축복합니다.

복음으로 예잘성하며, 은혜로 소공동하며, 사랑으로 하모니를 이루는 교회와 성도가 되길 원하십니까? 삶 속에서 믿음으로 승리하시길 원하십니까? 예배에 여러분의 삶을 거십시오! 그 예배가 내 영혼을 먹이고 살리는 레스토랑임을 기억하십시오! 내가 예배를 드리지만 그 예배가 나를 온전히 하나님의 자녀로 지켜 주심을 기억하시기 바랍니다. 예배는 '내 영혼의 레스토랑'입니다.

16장

행복이 열리는 나무

인자가 온 것은 섬김을 받으려 함이 아니라 도리어 섬기려 하고 자기 목숨을 많은 사람의 대속물로 주려 함이니라(막 10:45).

섬김의 행복

'기부 천사'라는 별명을 가진 김 모 가수가 있습니다. 그동안 150억 원 상당을 기부해온 것으로 알려지고 있으며 기자들이 뽑은 최고의 선행연예인상을 수상한 바 있습니다. 그분에게 기자가 물었습니다. 왜 기부를 하십니까?

"노래도 기부도 행복하기 위해서 합니다. 기부는 노래의 연장입니다. 나는 받는 것보다 주는 게 행복합니다."

당신은 어떻습니까? 받는 것이 행복합니까? 주는 것이 행복합니까? 대접할 때 행복합니까? 아니면 대접 받을 때 행복합니까? 물론 대접받을 때 행복합니다. 누구나 대접 받고 싶은 마음이 있습니다. 지인으로부터 대접을 받고 섬김을 받으면 행복합니다. 그런데 더 행복한 사람이 있습니다. 누구입니까?

바로 '대접하는 사람, 섬기는 사람'입니다. 세상의 법칙은 낮은 사람이 높은 사람을 대접하지만 하나님의 법칙은 높은 사람이 낮은 사람을 대접하고 높은 사람이 낮은 사람을 섬기는 것입니다. 낮은 자가 높은 자를 섬기는 것은 당연한 것입니다. 그러나 당연하고 쉬운 것은 사람을 감동시키지 못합니다. 높은 자가 낮은 자를 섬기는 것은 당연한 일도 아니요, 있을 수 없는 일입니다. 우리는 어떤 인생 드라마에 감동을 받습니까? 평범하게 산 사람? 아닙니다. 힘들고 어려운 상황에서 그것을 극복해 낸 사람의 이야기! 그 이야기가 사람들을 감동으로 이끄는 것입니다.

섬기러 오신 예수

우리 주님은 힘들고 어려운 일의 차원을 뛰어 넘어 상상할 수 없는 일, 있을 수 없는 일을 행하셨습니다. 독생자를 세상에 보내 주셨습니다. 높고 높은 보좌에 계신 하나님께서 이 땅에 사람의 몸을 입고 오셔서 십자가에서 우리를 위하여 자신의 몸을 영원한 제물로 내어 주셨습니다. 이러한 섬김의 극치는 성육신과 십자가에서 드러납니다. 이 땅에 사람의 아들로 오신 것 자체가 섬기기 위함입니다.

> 하나님이 세상을 이처럼 사랑하사 독생자를 주셨으니 이는 그를 믿는 자마다 멸망하지 않고 영생을 얻게 하려 하심이라(요 3:16).

이 말씀을 이렇게 바꾸어 보았습니다.

> 하나님이 우리를 이처럼 사랑하사 예수 그리스도를 이 세상에 보내어 주시고 십자가에서 섬겨 주셨으니 우리도 주님처럼 섬기는 자마다 멸망하지 않고 영생을 얻음이라.

지금까지 신앙생활하면서 여러분이 하나님을 섬겼습니까? 아니면 하나님께서 우리를 섬겨 주셨습니까? 우리는 흔히 하나님의 인도, 보호, 형통, 위로하시는 역사를 간구합니다. 이 말은 다른 말로 우리를 섬겨 달라는 기도입니다. 그렇습니다. 우리 하나님은 우리에게 대접을 받으시는 하나님이 아니라 우리를 대접하시는 하나님이십니다. 우리의 섬김을 받으시는 하나님이 아니라 섬겨 주시는 하나님이십니다. 유월절 전에 수건을 가져다가 허리에 두르시고 대야에 물을 떠서 제자들의 발을 씻기셨습니다. 시몬 베드로가 묻습니다.

> 시몬 베드로에게 이르시니 베드로가 이르되 주여 주께서 내 발을 씻으시나이까(요 13:6).

이것은 당시의 관념으로는 있을 수 없는 일이었습니다. 제자가 스승의 발을 씻겨야 하고 낮은 사람이 높은 사람의 발을 씻겨야 하고 주님이라고 부르는 종이 주인의 발을 씻겨야 하는 것입니다. 주님은 제자들이 자신을 향해서 '아도나이(퀴리오스)'이라고 부르는 것을 금하지 않았습니다. 제자들이 그렇게 불렀다면 마땅히 제자들이 주님의 발을 씻겨 드려야 하는 것 아니겠습니까? 그러나 제자들이 주님의 발을 씻겨 드렸다는 기록은 성경 어디에도 없습니다. 당시 문화에서 주인이 종을, 선생님이 제자들의 발을 씻기는 것은 상상할 수 없는 일이었습니다. 그러나 주님은 수건을 허리에 동이시고 제자들의 발을 씻겨 주었습니다. 칼이 권력의 상징이라면 수건은 섬김의 상징입니다.

미신과 신앙

무엇이 미신이고 무엇이 참된 신앙일까요? 미신의 신앙은 신은 항상 대접을 받고 사람은 대접을 해야 합니다. 신의 노여움을 풀기 위해서 대접해야 하고 노여움을 사지 않기 위해서 대접을 해야 합니다. 그렇지 않으면 신이 노해서 재앙을 내린다고 합니다. 세상의 거짓 신들, 짝퉁 신들, 우상은 자신을 섬길 것을 강요합니다. 자신 앞에 바칠 것을 강요합니다. 가나안의 우상 가운데 '몰록'이란 신은 산 사람을 제물로 받았습니다. 그러니 가짜 신일 수밖에 없습니다. 그러나 참된 신앙은 신이 사람을 대접하고 섬깁니다.

스캇 펙이라는 신경정신과 의사는 세상의 수많은 종교를 연구 하던 중에 예수 그리스도를 영접했습니다. 그 이유는 수많은 신들 중에 스스로 인간을 위해 희생한 신은 오직 예수 그리스도밖에 없었기 때문입니다. 스캇 펙이 생각하기를 참된 신이라면 사람들을 사랑해 주어야 하며 참된 신이라면 사람들을 섬겨 주는 신이어야 한다고 생각했습니다. 그래서 연구해 보니 오직 예수님만이 사랑으로 섬겨 주셨습니다. 할렐루야!! 세베대의 아들 야고보와 요한이 주님께 청탁을 합니다.

> 여짜오되 주의 영광 중에서 우리를 하나는 주의 우편에, 하나는 좌편에 앉게 하여 주옵소서(막 10:37).

주님의 나라가 임박함을 안 야고보와 요한 형제는 다른 제자들보다

한발 앞서 청탁을 넣고 있습니다. 형은 좌의정, 동생은 우의정에 앉게 해 달라는 것입니다.

듣고 있던 열 제자가 듣고 야고보와 요한에 대해 화를 내었습니다.

"아니 이 인간들이 보자보자 하니까 지금 뭐라고 떠들고 있어? 그것은 내가 차지할 자리야!"

지금 야고보와 요한, 예수님 그리고 열 제자 사이에 자리를 두고 팽팽한 긴장감이 흐릅니다. 야고보와 요한의 청탁의 핵심이 무엇입니까? 우리가 높은 자리에 올라가서 섬김을 받고 싶습니다! 열 제자가 왜 화를 냈습니까? 열 제자도 말만 안했지 똑같은 생각을 가지고 있습니다.

"그 자리가 왜 너희들 자리이냐? 내 자리지!"

지금 예수님 앞에서 제자들이 자리하고 있는 것입니다. 이제 예수님이 헤롯을 몰아내고 임금의 자리에 앉으면 어떤 자리를 맡아야 할지 논공행상이 벌어진 것입니다. 당신은 왜 성공하기를 원합니까? 부와 명예와 권력을 얻기를 원합니까?

남을 섬기기 위해서? 아니요! 섬김을 받고 싶어서입니다. 자랑하고 싶고 자신을 뽐내고 싶기 때문입니다. 모든 사람의 깊은 욕망, 갈망 속에는 섬기기보다는 섬김을 받고 싶은 마음이 있습니다. 주님은 이런 제자들을 향해 이방의 집권자들과 고관들이야 권세를 부리지만 너희는 그런 사람이 아니라고 말씀하십니다.

> 인자가 온 것은 섬김을 받으려 함이 아니라 도리어 섬기려 하고 자기 목숨을 많은 사람의 대속물로 주려 함이니라 (막 10:45).

주님의 오신 목적, 주님의 자리가 섬김의 자리였듯이 제자들의 자리, 참된 그리스도인의 자리는 높은 자리가 아니라 섬김의 자리입니다. 주님은 물로 포도주를 만드셨고, 맹인의 눈을 뜨게 하셨고, 앉은뱅이를 일으키셨고, 문둥병자를 깨끗하게 하셨습니다.

천국 복음을 가르치시고 귀신들을 내어 쫓으셨으며 마지막에는 십자가에서 목숨을 내어 줌으로써 섬김을 완성하셨습니다. 슈퍼맨의 모습도 보여 주셨습니다. 그러나 이것은 하나님의 능력을 보여 주기 위함이지 그것을 자랑하기 위함이 아니었습니다. 그러나 주님의 공생애는 결코 슈퍼맨이 아닌 '슈퍼 서번트'의 모습을 보여 줍니다. 십자가를 지실 때 슈퍼맨이 아닌 온 인류를 섬겨 주시는 '슈퍼 서번트(Super Servant)'의 모습을 보여 주십니다.

사실 우리가 섬기려고 하면 우리의 영은 기뻐합니다. 그러나 우리의 육은 싫어합니다. 왜냐하면 섬김은 영웅적인 행위가 아니기 때문입니다. 때로 대접이나 섬김은 하찮게 보입니다. "내가 왜 대접해야 하지? 내가 왜 섬겨야 하지?"라고 생각될 때도 있습니다. 그러나 우리 삶에 대접이 없고 섬김이 없는 삶을 상상해 보세요!

어느 날 사과나무에 사과가 달려 있는 것을 보면서 "저 작은 가지에 어떻게 빨간 사과가 주렁주렁 달려 있을까 참 신기하다." 이런 생각이 들었습니다. 사과나무는 가을의 탐스런 빨간 사과를 맺기 위해 봄에 사과 꽃을 활짝 피웁니다. 꽃 없이 열매가 없습니다. 이처럼 성도 한 분의 인생 나무에 활짝 필 꽃은 '섬김'입니다. 오늘도 모든 사람들이 원하는 것은 행복입니다. 이 행복이란 열매는 섬김이란 나무에서 열리는 것입니다.

그리스도인에게 섬김은 해도 되고 안 해도 되는 선택 사항이 아닙니다. 그리스도인이 섬겨야 할 최고의 우선순위는 예수 그리스도입니다. 사람이 나를 섬기면 내 아버지께서 그를 귀히 여기신다고 말씀하셨습니다(요 12:26).

다음으로 섬겨야 할 대상은 형제, 자매들입니다. 마게도냐 교회들은 많은 시련과 극심한 가난 속에서도 넘치는 기쁨으로 풍성한 연보를 하여 예루살렘 교회 성도를 섬겼습니다. 이처럼 대접과 섬김은 그리스도인의 의무이자 특권입니다. 섬김은 기쁨이자 행복입니다. 행복이 열리는 나무 위에 활짝 피는 꽃의 이름이 무엇입니까? 섬김입니다.

17장

신령한 젖을 사모하라

갓난 아기들 같이 순전하고 신령한 젖을 사모하라 이는 그로 말미암아 너희로 구원에 이르도록 자라게 하려 함이라(벧전 2:2).

동물과 사람의 다른 점

사람이 동물과 다른 점이 무엇이 있을까요? 태국에 갔더니 그림을 그리는 코끼리도 있습니다. 시각장애인을 안내하는 '안내견'도 있습니다. 사람을 구하는 개를 보면 속이고 사기치고 빼앗는 사람보다 훨씬 낫다는 생각이 듭니다. 그래서 사람을 동물과 비교하면 때로는 욕이 됩니다. 개보다 못하면 '개만도 못한 사람', 개와 같으면 '개 같은 사람', 개보다 나으면 '개보다 더한 사람'이라고 말입니다. 사람에게는 동물과 달리 '도덕'과 '윤리'가 있습니다. 동물은 본성대로만 살아가면 그만입니다. 그러나 사람은 그 본성 이상의 삶을 살기를 원합니다. 왜냐하면 동물에게는 없는 '영혼'이 있기 때문입니다. 그 본성 이상의 초월의 삶을 추구하는 것을 '신앙생활, 영성 생활'이라고 합니다.

종교란 '절대자를 향하여 사람들의 마음을 드러낸 것'입니다. 따라서 기독교에서 말하는 영성(spirituality)은 '하나님을 향한 마음이요, 하나님을 향한 삶의 태도와 행위'를 의미합니다. 어떤 이는 이렇게 말했습니다.

"하나님은 사람의 마음에 믿음의 씨앗, 신앙의 씨앗, 종교의 씨앗을 심어 놓았다."

그래서 어떤 사람이든 종교적, 영적 욕구를 채우지 못하게 되면 삶에서 문제가 발생합니다. 삶의 무의미, 공허감, 지루함, 상실감….

"내가 왜 살아야 하나?"

2018년 2월 8일 큰아버지께서 별세하셔서 서울에 올라갔습니다. 유족 대기실이 비좁아 호텔에 방을 4개 잡았습니다. 그런데 그 호텔이 관광호텔이었습니다. 밤 12시경 투숙했는데 로비에 들어서니 호텔 지하 노래방에서 시끌벅적한 노래 소리가 온 호텔을 울리고 있었습니다. 새벽 4시 30분 발인을 위해 잠시 눈을 붙이고자 했으나 그때까지도 노래방에서 들려오는 사람들의 노래 소리에 잠을 이룰 수가 없었습니다. 그때 두 가지를 깨달았습니다.

첫째, 한국 사람들 체력 대단합니다. 유럽만 가도 저녁 6시 정도 되면 거리에 사람이 별로 없습니다. 다 집에 돌아갔기 때문입니다. 가정 중심의 문화 때문에 그렇습니다. 그러나 한국은 밤새 놀 수 있는 세계에서 몇 안 되는 나라 중 하나입니다.

둘째, 밤새 놀지만 저들의 영혼이 만족함을 얻습니까? 사람들은 공허한 영혼의 빈 공간을 채우기 위해 '쾌락'을 이용합니다. 사람의 영혼은 쾌락으로 채울 수 없습니다. 게임, 술, 도박, 각종 오락 등의 쾌락(快樂)은 더 큰 쾌락을 원합니다. 더 큰 쾌락이 무엇입니까? 마약!

몇 해 전 전주에 갔더니 '마약 김밥'이 유명하다고 해서 찾아갔습니다. 마약 김밥만 있는 것이 아니라 마약 핫도그, 마약 소시지도 있습니다. 마약이 좋은 의미가 아닌데 음식에 마약을 붙여서 맛있다는 것을 강조하고 있는 것입니다.

혹시 필로폰의 맛이 어떤지 아십니까? 알 리가 없죠! 필로폰을 투약하면 어떤 맛일까요? 아마도 현실 세계에서 맛볼 수 없는 맛일 것입니다. 그러나 그 맛은 사람을 병들게 하는 맛이니까 법으로 금하는 것입니다. 이 시대는 필로폰이 대상을 가리지 않습니다. 학생들이나 주부들이 필로폰으로 구속됩니다. 인기 많은 연예인들이 필로폰으로 구속되는 경우도 있습니다. 모두가 삶에 찾아오는 공허감, 불안감, 무의미함을 해소하려고 동물에게 필로폰을 투약했다가 체포되었다는 소식을 들어 보았습니까? 동물들은 그렇지 않은데 사람은 왜 그럴까요? 파스칼이 이렇게 말했습니다.

> 사람의 영혼 속에는 하나님만이 채울 수 있는 빈 공간이 있다.

사람만이 영혼의 빈 공간이 있으며, 그 영혼의 빈 공간은 오직 하나님만이 채울 수 있습니다. 영혼의 빈 공간은 세상의 그 어떤 것으로도 채울 수 없기에 공허한 것입니다. 그렇다면 무엇으로 저와 여러분의 영혼의 빈 공간을 채우시겠습니까? 오직 예수님으로!

매 주일 예배의 자리에서 갈망하는 대상은 오직 한 분 '하나님'입니다. 우리는 예수 그리스도를 구합니다. 그것을 '믿음', '신앙',이라고 하는 것입니다. 우리는 흔히 "그 목사님 영성이 훌륭해! 박 집사님이 영성 훈련을 받았어!"라는 말을 합니다. 이처럼 '믿음', '신앙', '영성'은 사람을 향해서만 사용하는 단어입니다. 앵무새나 침팬지가 지능이 있다고 해서 믿음이나 영성이 있다고 말하지 않습니다.

새해가 되어 장로님 댁에 심방을 갔습니다. 개가 저와 악수를 하고, 개도 설교할 때는 앉아서 들어요! 그렇다고 해서 믿음이 좋은 개, 또는 영성이 있는 개라고 하지 않습니다. 믿음과 영성이라는 것은 사람에게만 주신 하나님의 특권입니다. 그러므로 믿음, 신앙, 영성은 하나님과 사람 사이의 관계를 말하는 것입니다. 그런데 기독교만 영성을 말하는 것은 아닙니다. 모든 종교는 각기 영성을 이야기합니다. 그러나 예수 없는 영성, 그리스도 없는 영성은 무의미합니다.

'예수 없는 믿음, 예수 없는 영성은 공허하다.'

분명한 사실이 있습니다. 그것은 사람은 유한한 존재라는 것입니다. 그러나 그 유한한 존재가 영원을 사모합니다. 진시황제만 불로초, 불사약을 찾는 것이 아니라 모든 사람은 영원한 세계에 대한 갈망과 동경이 있습니다. 아마 50년만 지나면 이 자리에 없는 분들이 많을 것입니다. 우리가 믿음을 갖고 이 시간 예배를 드리는 것은 영원한 세계에 대한 갈망! 그것을 쟁취하고 싶은 갈망이 있기 때문입니다.

영원(永遠)을 사모하라

그렇다면 사람은 왜 영원(永遠)에 대한 갈망이 있을까요? 우리의 영은 영원히 있음을 알기 때문입니다.

> 하나님이 모든 것을 지으시되 때를 따라 아름답게 하셨고 또 사람들에게는 영원을 사모하는 마음을 주셨느니라 그러나 하나님이 하시는 일의 시종을 사람으로 측량할 수 없게 하셨도다(전 3:11).

우리는 분명 이 세상 안에 살고 있습니다. 그러나 세속적 가치관 즉 물질주의, 우상숭배, 육신의 정욕, 안목의 정욕, 이생의 자랑이 아닌 성경적 가치관을 따라 사는 사람들입니다.

> 이는 세상에 있는 모든 것이 육신의 정욕과 안목의 정욕과 이생의 자랑이니 다 아버지께로부터 온 것이 아니요 세상으로부터 온 것이라 이 세상도, 그 정욕도 지나가되 오직 하나님의 뜻을 행하는 자는 영원히 거하느니라(요일 2:16-17).

> 그러므로 모든 육체는 풀과 같고 그 모든 영광은 풀의 꽃과 같으니 풀은 마르고 꽃은 떨어지되 오직 주의 말씀은 세세토록 있도다 하였으니 너희에게 전한 복음이 곧 이 말씀이니라(벧전 1:24-25).

지금 사도 베드로가 전하는 복음의 핵심이 무엇입니까? 육체는 유한하되 주의 말씀은 영원하다! 그러므로 참된 믿음, 참된 기독교 영성은 "유한한 육체가 영원하신 하나님에게로 다시 돌아가는 것, 즉 귀소본능을 의미하는 것이며 이 귀소본능을 예수 그리스도로 말미암아 실현해 가는 과정을 의미합니다." 따라서 어느 종교나 영성은 있지만 예수 그리스도께로 돌아가지 않는 영성은 능력이 없는 영성입니다. 그래서 예수 그리스도에게 돌아가는 믿음을 '구원'이라고 하는 것입니다.

영성의 본질

사도 베드로는 우리가 가져야 할 믿음, 영성의 본질이 무엇인지를 말씀하고 있습니다.

> 갓난 아기들 같이 순전하고 신령한 젖을 사모하라 이는 그로 말미암아 너희로 구원에 이르도록 자라게 하려 함이라(벧전 2:2).

여기서 신령한 젖이란 '예수 그리스도의 말씀'을 말합니다. 하나님의 말씀을 갓난 아기 같이 사모하라는 것입니다. 아기를 키우는 엄마는 모유나 분유를 수유하기 전 반드시 하는 일이 있습니다. 그것은 바로 젖병을 소독하거나 젖을 깨끗하게 닦는 일입니다. 그렇게 하지 않으면 아기가 세균에 감염될 수 있기 때문입니다. 그런 다음에 아기들이 먹는 모습을 보세요! 땀을 뻘뻘 흘리면서 엄마의 품을 파고듭니다. 그렇게 먹는 아기들의 모습을 보면 얼마나 예쁩니까? 모든 것을 다 주어도 아깝지 않은 것이 모성 아닙니까? 이처럼 말씀을 사모하는 성도들을 하나님이 보시기에 얼마나 예쁠까요? 이처럼 하나님의 말씀을 먹기 전에 버려야 할 것이 있습니다.

> 그러므로 모든 악독과 모든 기만과 외식과 시기와 모든 비방하는 말을 버리고(벧전 2:1).

이 모든 것은 하나님을 경험하기 전의 삶을 말합니다. 이런 것들을 인터넷 용어로 하면 바이러스요, 악성 애드웨어입니다. 이러한 바이러스, 애드웨어를 잡으려면 백신을 설치해야 합니다. 백신을 설치해 놓으면 24시간 바이러스와 애드웨어를 감시합니다. 또 해커들의 공격을 방어합니다. 이처럼 악한 마귀는 그리스도인들의 삶에 이런 바이러스와 악성 애드웨어를 유포할 때 1년 365일 예수 그리스도의 십자가 백신을 삶 속에 설치하여 마귀의 궤계를 물리치시길 바랍니다.

그리스도인은 하나님의 말씀을 사모해야 합니다. 마치 아기들이 엄마의 젖을 사모하는 것처럼 하나님의 말씀을 사모하고 은혜를 사모해야 합니다. 그리하면 우리의 영혼이 삽니다. 더 중요한 은혜가 있습니다. 아기는 젖을 먹음으로 엄마와 하나 됨을 느낍니다. 엄마는 아기를 품에 안고 젖을 물리면서 아이와 눈 맞춤을 합니다. 사랑의 대화를 나눕니다.

"어이구! 배고팠어? 맛있게 먹어! 사랑해!"

젖 먹이는 시간을 통해 엄마와 아기는 연합됨, 하나 됨, 사랑을 느낍니다. 이처럼 그리스도인은 하나님께서 말씀을 먹으면서 주 안에서 연합됨과 하나 됨 그리고 사랑을 느낄 수 있는 것입니다.

너희가 주의 인자하심을 맛보았으면 그리하라(벧전 2:3).

여기서 '맛보았으면' 이란 '경험과 체험'을 말합니다. 믿음이란 하나님을 만나 보겠다는 것이 아니라 느껴 보겠다는 것입니다. 이것을 '임재'라고 합니다. "그리하라"는 것은 무슨 말입니까? 계속해서 신령한 젖을 사모하라, 말씀을 읽고 듣고 묵상하기를 멈추지 말라는 것입니다. 칼빈은 이렇게 말했습니다.

"하나님을 만나는 것은 자기를 만나는 것과 같다!"

사람이 하나님 안에 들어가야 비로소 자기가 어떤 존재인지를 발견하기 때문입니다. 성 어거스틴은 주후 354년 북아프리카의 타카스테에서 아버지 파트리키우스와 어머니 모니카 사이에서 태어났습니다. 아버지는 이교도였지만 어머니는 믿음이 강한 기독교인이었습니다. 어거스틴은 '진리에 대한 갈망'을 해결하지 못하여 탕자로 살았습니다. 17세에 한 여인과 동거하여 아데오다투스(하나님의 선물)란 아들을 낳았습니다. 기독교는 여자들이나 믿는 종교, 나약한 사람들이 의지하려는 수단 쯤으로 생각했습니다. 어거스틴은 초기에 수사학을 하면서 논리적으로 하나님을 만나려고 했고 후에는 마니교에 빠져 9년 동안 몸부림치기도 하고 신플라톤주의에 빠져 보기도 했지만 도무지 하나님을 만나지 못했습니다. 29세에 이탈리아 밀라노에서 유명한 '암브로시우스'라는 감독을 만나서 그의 설교를 들으면서 점점 변화가 일어나기 시작했습니다. 어느 날 정원을 거닐고 있었는데 밖에서 아이들의 노랫소리가 들렸습니다. 그는 그때 상황을 『고백록』에 이렇게 기록하였습니다.

톨레 레게 톨레 레게(집어서 읽어라.).

이 소리를 듣고 주위를 둘러보며 어린아이들이 그런 노랫말로 하는 놀이 같은 것이 있는지를 곰곰이 생각해 보았으나 그 비슷한 것을 들은 기억이 전혀 없었다. 비 오듯 쏟아지는 눈물을 억지로 참으면서 나는 몸을 일으켰다. 그 노랫소리는 성경책을 펴서 처음 눈에 들어오는 곳을 읽어서 빛을 얻으라는 신적인 명령일 수밖에 없다고 스스로 되뇌었다.

어거스틴이 아이들의 노랫소리를 듣고 방으로 돌아가서 성경을 펼치니 첫 눈에 이런 대목이 들어 왔습니다.

낮에와 같이 단정히 행하고 방탕하거나 술 취하지 말며 음란하거나 호색하지 말며 다투거나 시기하지 말고 오직 주 예수 그리스도로 옷 입고 정욕을 위하여 육신의 일을 도모하지 말라(롬 13:13-14).

어거스틴은 33살에 회심 후 이렇게 고백합니다.

주여 내 밖에서 당신을 오래 찾아 헤맸습니다. 그러나 내 밖에 어디에도 당신은 없었습니다. 내가 내 안으로 들어왔을 때 당신은 오래전부터 나를 내 안에서 기다리고 계셨습니다. 그 이전에 진리를 찾는 길을 제대로 알았더라면!

모든 그리스도인은 어거스틴처럼 '진리에 대한 탕자'이어야 합니다. 성경 읽기는 단순한 책 읽기가 아닙니다. 말씀을 사모해서 읽을 때에 그 말씀이 여러분의 심령을 변화시킬 것입니다. 그러므로 기록된 문자에 여러분들의 소리를 입히십시오! 눈으로만 읽지 말고 그 문자에 소리를 입히면 그 말씀이 살아 역사합니다. 어린아이들이 엄마의 젖을 먹고 자라듯이 그리스도인들도 신령한 젖을 날마다 먹음으로 믿음이 깊어지고, 강건하게 자라게 될 것입니다.

18장

풍성함으로의 초대

그리스도의 말씀이 너희 속에 풍성히 거하여 모든 지혜로 피차 가르치며 권면하고 시와 찬송과 신령한 노래를 부르며 감사하는 마음으로 하나님을 찬양하고(골 3:16).

가장 소중한 휴대폰

하루를 살면서 가장 신경 쓰고 사는 것이 무엇일까요?

① 남편이나 아내
② 자녀
③ 먹을 것
④ 성경 읽기
⑤ 휴대폰

하루를 살면서 가장 가까이 하고 신경 쓰고 항상 소지하고 다니는 것이 바로 스마트폰입니다. 부지런히 카톡, 메시지, 배터리 잔량을 확인하고 장거리 이동 시에는 보조 배터리를 챙깁니다. 만약 스마트폰의 배터리 잔량이 얼마 남지 않았으면 어떤 마음이 듭니까? 불안합니다. 그러나 100% 충전 표시가 되고 나면 괜히 기분이 좋고 든든합니다. 자신도 모르게 손이 휴대폰으로 가고 전화 기능과 TV 시청을 동시에 합니다. 얼마 전 집에 휴대폰을 두고 나왔는데 처음에는 얼마나 신경이 쓰이던지, 그리고 휴대폰을 가지고 있지 않다는 것에 약간의 짜증(?)이 일어났습니다. 이 정도면 우리는 '경증 휴대폰 중독'에 빠진 것입니다. 두 시간 정도 지나자 휴대폰 없는 것이 그렇게 편할 수가 없었습니다.

중국에서는 휴대폰을 보면서 길을 걸어가다 실족해서 목숨을 잃은 경우도 있습니다. 만일 휴대폰이 없으면 정서장애 및 불안을 호소하고 화를 내는 사람이라면 중증 휴대폰 중독에 빠진 사람일 가능성이 높습니다. 스마트폰보다 하나님의 말씀을 더 가까이 하는 회복의 역사가 일어나기를 축복합니다.

사탄이 싫어하는 사람

사탄은 싫어하는 사람이 있고 두려워하는 사람이 있습니다. 먼저 누구를 싫어할까요? 교회 다니는 사람입니다. 교회에 안 다니던 사람이 갑자기 교회를 간다고 하면 이모저모로 방해합니다.

"안하던 짓 하면 일찍 죽어!"

"뭐하러 교회 가?"

교회 가는 것을 '죽음'과 연결 짓습니다. 정말 무시무시한 논리 아닙니까? 입이 삐뚤어져도 말은 바르게 하라는 말처럼 교회 가면 죽는 것이 아니라 안 가면 죽는 것 아닙니까?

"교회 가면 밥 줘?"

이런 분은 영화관에 가자고 하면 이렇게 물을 것입니다.

"영화관에 가면 밥 줘?"

영화관에 영화 보러 가지 밥 먹으러 가는 사람 없습니다.

교회에 가는 목적은 예배를 드리기 위함이지 밥 먹으러 가는 것이 아닙니다. 그런데 교회 가자고 하면 꼭 '밥 주냐?'고 하는 이런 사람들이 종종 있습니다. 이런 분은 밥이 없으면 어떤 일도 하지 않는 사람일 가능성이 높습니다. 삶의 우선순위가 오직 밥인 것입니다. 사탄은 예배당에 가는 성도를 싫어는 해도 두려워하지 않습니다.

사탄이 두려워하는 사람

다음으로, 사탄이 두려워하는 사람이 있습니다. 사탄은 교회를 다니는 사람을 싫어는 해도 두려워하지는 않습니다. 그러면 어떤 성도를 두려워합니까?

하나님의 말씀을 가까이 하는 성도를 두려워합니다. 하나님의 말씀을 읽고, 묵상하고, 설교를 귀 기울여 듣는 성도를 두려워합니다. 그래서 사탄은 이렇게 유혹합니다.

"교회 다녀라, 그리고 예배도 드리고, 헌금도 하고, 봉사도 해라! 단 설교 시간에 딴짓해라! 졸아라! 설교 시간에 스마트폰 하고 놀아라!"

신앙생활이란 무엇입니까? 하나님이 기뻐하시고 원하시는 삶을 사는 것입니다. 하나님이 기뻐하시는 삶, 하나님이 원하시는 삶은 사탄이 싫어하는 삶입니다. 하나님이 기뻐하시는 삶, 하나님이 원하시는 삶을 살기 위해서는 말씀을 들어야 하고 말씀에 순종하는 삶을 살아야 합니다. 때문에 사탄은 하나님의 말씀으로부터 우리를 분리시키려 합니다. 하나님의 말씀을 듣지 못하게 하고 만일 들었다 할지라도 순종하지 못하도록 합니다. 그것이 에덴동산에서 아담과 하와에게 사용했던 방법입니다.

이것을 알아야 합니다. 사탄은 우리를 향해 한 번 유혹하고 끝나는 것이 아니라 우리의 전 생애에 걸쳐 끊임없이 유혹하고 공격합니다.

"설교를 듣지 말아라! 성경을 읽지 말아라! 성경을 묵상하는 것은 더 나쁘고 그것은 목사들이나 하는 일이다. 말씀을 들어도 순종하면 안 된다!"

사탄은 왜 하나님의 말씀을 이렇게 못 듣고 안 읽도록 애쓸까요? 우리의 믿음이 바로 하나님의 말씀을 통해서 오기 때문입니다. 성경을 읽고 설교를 들으면 믿음이 생기기 때문입니다.

> 그러므로 믿음은 들음에서 나며 들음은 그리스도의 말씀으로 말미암았느니라(롬 10:17).

믿음의 결국은 무엇입니까? 영혼 구원입니다.

> 믿음의 결국 곧 영혼의 구원을 받음이라(벧전 1:9).

사탄이 제일 싫어하는 것은 우리의 영혼이 구원 받는 것입니다. 영혼이 구원 받는 것은 영원히 하나님의 편에 선다는 말입니다. 어떤 분은 이렇게 말합니다.

"목사님 저는 교회를 오래 다녔지만 믿음이 없습니다!"

오해하지 마시기 바랍니다. 어떤 사람이 교회를 오래 다녔다고 믿음이 생기는 것이 아닙니다. 교회를 다닌 지 얼마 되지 않았어도 구원에 이르는 믿음을 소유할 수 있습니다. 교회를 오래 다녔지만 선포되는 말씀을 듣지 않고 성경을 읽지 않은 사람은 믿음과 상관없는 사람입니다.

세상 천하에 구원을 받을 만한 믿음을 소유하는 길은 성경을 읽고 하나님의 말씀을 듣는 방법뿐입니다.

풍성한 삶

사람은 누구나 풍성한 삶을 원합니다. 세상에 부족함을 원하는 사람은 없습니다. 교회 이름에 '풍성한 교회'는 흔히 있어도 '부족한 교회'는 없습니다. 사동차 계기판에 기름이 얼마 남아 있고 그 기름으로 앞으로 얼마나 갈 수 있는지 표시가 됩니다. 기름의 잔량이 적다는 경고 표시가 나타나면 마음이 조급해집니다. 그래서 곧장 주유소로 가서 기름을 가득 채워 넣습니다. 그러면 든든합니다.

인생도 마찬가지입니다. 왜 부족함과 갈증, 불안, 조급함을 느낍니까? 풍성한 하나님의 말씀을 채워 넣지 않고 살기 때문입니다. 풍성한 삶을 원하십니까? 하나님의 말씀 속으로 들어가기를 바랍니다. 그 말씀이 우리를 풍성한 은혜의 삶으로 인도합니다. 그렇기 때문에 우리가 하나님의 말씀을 듣고, 읽기를 사모하면 사탄은 집요하게 교묘하게 우리를 향해 공격할 것입니다.

"그냥 살아라! 왜 안 하던 짓 하지? 성경 읽지 않으면 말씀 듣지 않으면 편안한 삶을 보장하지! 좋은 직장 보장하지!"

이런 방법 어디서 많이 본 것 아닙니까? 예수님께서 공생애를 시작하면서 광야의 40일 금식 기도를 마친 후 사용했던 사탄의 전술이었습니다. 굶주린 예수님을 향해 사탄의 첫 번째 공격이 무엇이었습니까?

시험하는 자가 예수께 나아와서 이르되 네가 만일 하나님의 아들이 어든 명하여 이 돌들로 떡덩이가 되게 하라(마 4:3).

사탄의 공격에 주님의 방어 무기가 무엇이었습니까? 하나님의 말씀이었습니다.

너를 낮추시며 너를 주리게 하시며 또 너도 알지 못하며 네 조상들도 알지 못하던 만나를 네게 먹이신 것은 사람이 떡으로만 사는 것이 아니요 여호와의 입에서 나오는 모든 말씀으로 사는 줄을 네가 알게 하려 하심이니라(신 8:3).

성자 예수님은 성부 하나님의 말씀을 정확히 알고 계셨습니다. 그리고 그 말씀을 사용하셨습니다. 배고픔, 굶주림은 풍요로운 삶과는 정반대의 삶입니다. 배고픈 자, 굶주린 자가 먹을 것을 찾는 것은 본능입니다. 사람은 누구나 밥을 먹어야 삽니다. 그것은 본능의 문제, 생존의 문제입니다. 그러나 사람은 본능대로만 살아가는 존재가 아닙니다. 의식주가 해결되어도 예술, 문학, 과학, 문화, 신앙생활을 합니다. 상상해 보세요! 우리가 본능대로만 살아간다면 아마 끔찍한 세상이 될 것입니다. 그래서 신앙생활을 이렇게 정의해 보았습니다.

"신앙생활이란 본능을 초월한 삶이다."

가정과 교회와 세상이 아름다워지기 위해서는 '본능을 초월한 삶'이 있어야 합니다. 우리가 신앙생활한다는 것은 본능을 초월로, 일상을 천국으로 바꿔 나가는 것을 말합니다. 때문에 사탄은 초월이 아닌 본능에 집착하도록 유혹합니다. 이 땅에서 나는 육신의 풍성한 빵에 취하여 하늘로부터 내려오는 영혼의 풍성한 빵을 외면하게 만들어 버립니다.

> 곧 헛된 것과 거짓말을 내게서 멀리 하옵시며 나를 가난하게도 마옵시고 부하게도 마옵시고 오직 필요한 양식으로 나를 먹이시옵소서 혹 내가 배불러서 하나님을 모른다 여호와가 누구냐 할까 하오며 혹 내가 가난하여 도둑질하고 내 하나님의 이름을 욕되게 할까 두려워함이니이다(잠 30:8-9).

이러한 아굴의 기도는 예수님의 기도에서 다시 찾아볼 수 있습니다.

> 오늘 우리에게 일용할 양식을 주시옵고(마 6:11).

시련, 고통, 질병, 사고를 소망하며 사는 사람은 아무도 없습니다. 사탄의 유혹과 시험이 시도 때도 없이 찾아옵니다. 무엇으로 이기고 정복하시겠습니까? 이길 수 있는 능력은 하나님의 말씀밖에는 없습니다. 그러므로 말씀 듣기, 성경 읽기는 결코 양보할 수 없고 포기할 수 없고 포기해서도 안 됩니다. 말씀을 듣고 읽는 것은 내 영혼의 호흡입니다.

사탄은 교회 다니는 사람, 헌신하는 사람, 직분 맡은 사람을 싫어하지만 하나님의 말씀을 읽는 자는 두려워합니다. 하나님의 말씀에 순종하는 사람 앞에서는 물러갑니다. 오늘 사탄이 두려워하고 피하는 성도는 하나님의 말씀으로 무장한 성도입니다.

> 마귀의 간계를 능히 대적하기 위하여 하나님의 전신 갑주를 입으라 (엡 6:11).

마귀를 능히 대적하기 위한 유일한 공격 무기가 무엇입니까? 성령의 검 곧 하나님의 말씀입니다. 하나님의 말씀이 내 안에 풍성히 거한다는 말은 내가 성령의 사람이라는 증거입니다. 예수님을 믿기 전과 후가 얼마나 변화되었습니까? 신앙생활을 하면서 얼마나 영적 성장과 변화가 있었습니까? 삶이 변화되길 원하십니까? 그 유일한 방법은 오직 그리스도의 말씀이 우리 속에 풍성히 거하는 것입니다. 성령의 검을 사용하는 것입니다. 하나님의 풍성한 말씀 속에 살아가는 것입니다.

변질 vs 변화

목사가 되고, 장로가 되고, 권사가 되어 정말 그리스도의 몸된 교회를 든든하게 세워 나가며 아름다운 복음 사역을 감당할 줄 알았는데 오히려 교회에 거치는 자가 되고 교회 분열과 다툼의 주범이 되는 사람이 종종 있습니다. 그 사람 때문에 교회에 안 가겠다는 소리를 하는 사람도 있습니다. 왜 그럴까요? 변화 받은 것이 아니라 '변질'되었기 때문입니다. 그래서 이런 문장을 만들어 보았습니다.

시간이 지날수록 변화 받는 성도가 있고 변질되는 성도가 있다.

그리스도인은 날마다 변화되어야 합니다. 그것을 성화(聖化)라고 합니다. 그 성화는 하나님의 말씀을 통해서 시작됩니다. 그러므로 하나님의 말씀이 풍성히 거하면 변화를 받고 성화를 이루어 가지만 하나님의 풍성한 말씀과 상관없이 살면 변화가 아닌 변질의 역사가 일어나는 것입니다.

변화 받은 그리스도인

사도 바울은 골로새교회에 보내는 편지를 통해 변화 받은 풍성한 그리스도인의 모습을 이렇게 증거하고 있습니다. 긍휼의 사람, 자비와 겸손의 사람, 온유와 오래 참음의 사람, 용서의 사람, 사랑의 사람, 평강의 사람, 감사의 사람! 문제는 어떻게 하면 이처럼 풍성한 사람으로 살아갈 수 있느냐 하는 것입니다.

> 그리스도의 말씀이 너희 속에 풍성히 거하여 모든 지혜로 피차 가르치며 권면하고 시와 찬송과 신령한 노래를 부르며 감사하는 마음으로 하나님을 찬양하고 또 무엇을 하든지 말에나 일에나 다 주 예수의 이름으로 하고 그를 힘입어 하나님 아버지께 감사하라(골 3:16-17).

어떻게 피차 가르치고 권면하며 찬송과 신령한 노래를 부르고 감사한 마음으로 찬양하고 주 예수의 이름으로 사역할 수 있습니까? 그렇게 되도록 열심히 노력해야 합니까? No! 이 말씀의 이해를 돕기 위해서 이렇게 읽어 볼까요? '거하니'를 '거하면'으로 바꾸어 읽어 보겠습니다.

> 그리스도의 말씀이 너희 속에 풍성히 거하면 모든 지혜로 피차 가르치며 권면하고 시와 찬송과 신령한 노래를 부르며 감사하는 마음으로 하나님을 찬양하고 또 무엇을 하든지 말에나 일에나 다 주 예수의 이름으로 하고 그를 힘입어 하나님 아버지께 감사하라(골 3:16-17).

그리스도의 말씀이 풍성히 거하면 어떤 일이 일어납니까? 지혜로 가르치고 권면합니다. 시와 찬송과 노래를 부르고 하나님께 감사하고 무슨 일을 하든지 예수님의 이름으로 사역하고, 무슨 말에나 일에나 주 예수의 이름으로 합니다. 반면에 그리스도의 말씀이 풍성히 거하지 않으면 어떤 일이 일어납니까? 이것은 상상에 맡기겠습니다.

사용 설명서

저는 커피를 좋아합니다. 그래서 핸드밀을 사용하다 전동 머신을 구입했습니다. 그 머신을 사용하기 전에 반드시 할 일이 있습니다. 바로 '사용 설명서'를 읽는 것이었습니다. 사용 설명서를 읽고 나면 그 제품을 잘 사용할 수 있습니다. 이처럼 성경 곧 하나님의 말씀은 창조주 하나님께서 주신 '인생 사용 설명서'입니다. 그 인생 사용 설명서를 깊이 읽고 아는 만큼 인생의 풍성함을 누리게 될 것입니다. 사탄을 대적하며 풍성한 삶으로 이끄는 유일한 것은 하나님의 말씀뿐입니다. 그 풍성한 하나님의 말씀 속으로 여러분을 매일 초대합니다. '스탠리 존스' 박사는 이렇게 말했습니다.

하나님의 말씀에 귀를 기울여야 나의 생명은 싱싱한 생동력을 얻는다. 전선이 동력에 연결되듯, 꽃이 햇볕에 연결되듯, 아이가 교육에 연결되듯, 영혼의 귀가 하나님께 연결될 때 나는 살 수 있다.

19장

누구의 것인가

그들에게 이르시되 삼가 모든 탐심을 물리치라 사람의 생명이 그 소유의 넉넉한 데 있지 아니하니라 하시고(눅 12:15).

그것 없이 살 수 없는 것과 있는 것

사람이 살면서 이것 없이 살 수 없습니다. 무엇입니까? 남편, 아내, 자식? 사랑하는 사람을 잃는다는 것은 참으로 고통스러운 일이지만 그럼에도 불구하고 살 수 있습니다. 그러나 정말 이것 없이는 살 수 없습니다. 그것은 바로 '돈'입니다. 우리가 사는 자본주의 세상에서 '돈' 없이 생존하기는 거의 불가능에 가깝습니다. 그렇다면 그리스도인을 향하여 이런 질문을 드릴 수 있습니다.

"예수님 없이 살 수 있습니까?"

예수님 없이 살 수 있습니다. 신앙생활을 하다가 포기한다고 해서 못 사는 것은 아닙니다. 이 땅 위에서 예수님 없이도 얼마든지 살 수 있습니다. 이 세상에 예수님 없이 잘 사는 사람이 얼마나 많습니까? 그러나 우리가 사는 세상은 예수님 없이는 살 수 있어도, 돈 없이는 살 수 없는 세상입니다. 예수님이 중요하다고 말하지만 실제로는 돈이 더 중요하게 살고 있습니다. 여기에 우리의 신앙적 갈등이 존재합니다. 물론 믿음으로 사는 우리에게는 돈보다 더 중요하게 여기는 것이 있는데 바로 예수님입니다. 그리스도인은 예수님 없이 살기는 살아도 사는 것이 아닙니다. 그것 없이 살 수 없는 것과 살 수 있는 것 중에서 어떤 것이 더 중요합니까? 그것 없이 살 수 없는 것! 그렇다고 하면 그것 없이 살 수 없는 돈과 그것 없이 살 수 있는 예수 중에서 더 중요한 것은 당연히 돈일 것입니다.

욕심

무리 중에 한 사람이 예수님에게 요청합니다. 이 사람은 형과 유산 문제로 다투고 있었습니다. 아마도 형이 유산을 나눠 주지 않았던 모양입니다. 유대사회에서 형과 동생이 있을 경우 아버지의 재산은 형이 2/3, 동생이 1/3을 받게 되어 있는데 이 형은 동생에게 재산을 나눠 주지 않았습니다. 동생 입장에서는 얼마나 화가 날 일입니까? 이 형은 욕심으로 가득 찬 나쁜 형입니다. 욕심이 무엇입니까? 우리는 어떤 것을 남들보다 더 소유하려는 것을 욕심이라고 말합니다. 그러나 성경이 말하는 욕심은 이런 뜻입니다.

> 가지고 있는 것을 타인과 나누지 않는 것

요한복음 6장 9-13절까지 오병이어의 기적 이야기가 나옵니다. 그 오병이어의 기적이 어디에서 시작되었습니까? 한 어린아이의 나눔에서 시작되었습니다. 한 어린아이가 자신의 도시락을 예수님께 가져 왔습니다. 물고기 두 마리와 보리떡 다섯 개는 어린아이와 어린아이를 데리고 온 부모가 먹을 정도의 양식입니다. 아마도 예수님의 말씀을 들은 어린아이가 부모에게 그 먹을 것을 예수님께 드리자고 했을 가능성이 높습니다. 만약 부모가 아이에게 먼저 말했다면 아이가 반대했을 수도 있지 않겠습니까? 이 어린아이의 나눔을 통해서 5천 명이 먹고 열두 바구니에 남은 것을 거두었습니다. 어린아이의 나눔 플러스 예수님의 축

사는 '기적'을 가져 왔습니다. 그렇습니다. 나눔이 있는 곳에 사랑이 있고 기적이 있습니다. 그러므로 '욕심'의 반대말은 '무소유'가 아니라 '나눔'입니다. 예수님은 재산을 나눠 달라는 동생을 향해 이렇게 말씀하십니다.

> 이르시되 이 사람아 누가 나를 너희의 재판장이나 물건 나누는 자로 세웠느냐 하시고(눅 12:14).

예수님은 탐심을 가진 사람들의 욕구를 충족시켜 주는 분이 아니라는 말씀입니다. 주님은 계속해서 말씀하십니다.

> 그들에게 이르시되 삼가 모든 탐심을 물리치라 사람의 생명이 그 소유의 넉넉한 데 있지 아니하니라 하시고(눅 12:15).

지금 예수님은 동생의 재산을 가로챈 형뿐만 아니라 재산을 분배해 달라고 요청하는 동생 역시 탐심으로 가득 차 있음을 말씀합니다. 왜요? 동생 역시 나눔에 대해서는 전혀 관심이 없기 때문입니다. 그리고 어리석은 부자의 비유를 들려줍니다.

이 작품은 베를린 국립 미술관에 소장되어 있습니다. 이 작품은 1627년 '빛의 화가'라 불리는 렘브란트(1606-1669)가 오크패널에 유채화로 그린 것입니다. 이 그림은 본문 누가복음 12장의 부자를 그린 것입니다. 렘브란트는 이 그림을 '어리석은 부자의 비유'로 정했습니다. 이 그

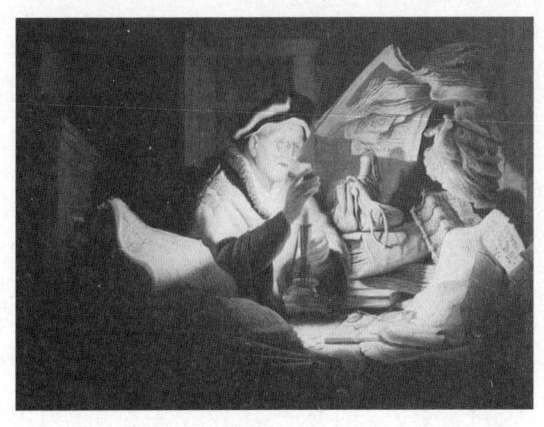

림에는 어둠이 빛을 감싸고 있습니다. 아니 빛으로 어둠을 밝히고 있습니다. 이 작품에 등장하는 것은 어둠, 빛, 노인, 돈입니다. 어리석은 부자를 감싸고 있는 것은 서류 뭉치와 돈 가방입니다. 어두운 방에서 나이 든 한 노인이 동전 하나를 불빛에 비춰보고 있습니다. 불빛 바로 앞이긴 하지만 안경을 끼고 돈의 가치를 음미하고 있습니다. 주위에는 아무도 없습니다. 주위는 온통 어둠입니다. 깊은 침묵이 느껴집니다. 아마도 이 시간은 대부분의 사람들이 잠자리에 들 시간인 듯합니다. 그런데 이 노인은 오로지 재물에만 몰두하고 있습니다.

부자 노인은 어마어마한 재산 관리 때문에 고민 아닌 고민으로 제대로 잠을 잘 수도 없을 것입니다. 그의 방 안에는 수많은 땅문서며, 남에게 돈을 빌려 준 차용증, 각종 서류 뭉치와 책상 주변에 흩어진 금화와 은화, 돈 가방 등으로, 책상 가득 쌓을 곳이 없어 보입니다. 이 노인이 입은 옷은 당시 네덜란드 부르주아 계급의 옷으로 흰 가운에 화려한 금

실의 수로 바느질한 옷 술과 정교한 장식까지 되어 있는 옷입니다.

이 정도의 재산이라면 기뻐해도 되건만, 그의 표정은 긴장과 걱정이 가득합니다. 그의 듬성듬성한 수염과 가운데로 모인 입술은 초조하고 불안한 노인의 마음을 보여 주는 듯합니다. 이러한 불안한 심리 상태는 촛불이 꺼질까 조심스럽게 손으로 가리고 있는 동작에서도 여실히 느낄 수 있습니다. 노인이 든 빛은 오로지 돈을 점검하는 데에만 사용하고 있습니다. 촛불은 이곳에서 유일하게 그와 주변 사물을 밝혀 주고 있습니다. 그러나 촛불은 동전을 든 노인의 오른손에 가려 보이지 않습니다. 촛불은 눈부신 찬란함으로 하나님의 상징입니다. 노인은 동전만을 바라보는 어리석은 부자입니다.

노인 앞에 놓인 작은 저울이 있습니다. 저울은 하나님의 심판을 상징하는 도구이지만 그 저울이 눈앞에 있지만 그 의미를 알지 못하고 있습니다. 렘브란트가 이 작품을 그렸을 때가 그의 나이 스물한 살이었고, 마치 자신의 앞날을 예견한 그림이었습니다. 그는 20대 중반에 명성을 얻어 많은 돈을 벌게 되었습니다. 그림의 주인공처럼 부자가 된 렘브란트는 집을 사고 사치품을 모으는 데 시간을 보냈습니다. 그 결과로 그는 평생을 돈 때문에 힘든 생활을 보냈습니다. 그림 속의 노인이나 그 노인을 그린 렘브란트나 다 오십 보 백 보의 차이일 뿐입니다. 그렇다면 오늘 이 노인을 보고, 또 렘브란트라는 화가를 소개 받은 저와 여러분은 어떤 생활을 하고 있습니까?

한 부자가 그 밭에 소출이 풍성했습니다. 밭에 소출이 풍성했다는 것은 얼마나 기쁘고 감사한 일입니까? 부자에게는 소출의 기쁨이 넘쳤습니다. 그러나 그 기쁨을 오직 자신을 위해서만 사용합니다. 하나님을 향한 감사는 찾아볼 수 없습니다. 왜 없을까요? 이미 욕심으로 충만하기 때문입니다. 부자는 많은 소출로 인하여 스스로에게 질문합니다.

> 심중에 생각하여 이르되 내가 곡식 쌓아 둘 곳이 없으니 어찌할까 하고(눅 12:17).

이 질문에 대한 답은 이것입니다.
첫째 해답은 곳간을 새로 짓는 것입니다.

> 또 이르되 내가 이렇게 하리라 내 곳간을 헐고 더 크게 짓고 내 모든 곡식과 물건을 거기 쌓아 두리라(눅 12:18).

둘째 해답은 즐기자는 것입니다.

> 또 내가 내 영혼에게 이르되 영혼아 여러 해 쓸 물건을 많이 쌓아 두었으니 평안히 쉬고 먹고 마시고 즐거워하자 하리라 하되(눅 12:19).

풍성한 소출을 밭에서 거둔 한 부자는 더 큰 곳간을 짓고 그 소출을 쌓아 두고서, 몇 년간 편히 먹고 마시며 쉬려고 마음먹습니다. 그러나 이것은 부자의 생각일 뿐입니다. 이 부자의 대답 속에는 '이웃을 향한 나눔'이 조금도 없습니다. 지금 형의 재산을 나눠 달라고 말하는 동생을 향해 주님께서 무엇을 말씀하고 계십니까? 형뿐만 아니라 동생 당신도 '나눔'과는 관계없이 살아가는 사람 아니냐고 묻고 있는 것입니다. 참으로 무서운 것은 하나님께서 그를 향한 계획이 있는데 그것은 그렇게 생각한 그날 밤 그의 영혼을 거두어 가시겠다는 것입니다.

> 하나님은 이르시되 어리석은 자여 오늘 밤에 네 영혼을 도로 찾으리니 그러면 네 준비한 것이 누구의 것이 되겠느냐 하셨으니(눅 12:20).

이 비유는 성경의 많은 비유 중 하나님이 직접 등장하시는 유일한 비유입니다. 왜 직접 등장하실까요? 이 부자의 삶과 계산에는 하나님은 없었습니다. 그래서 이 부자의 계산 너머에 하나님께서 계심을 알리는 것입니다.

오직 나

이 부자의 독백 속에 '나'란 단어가 무려 여섯 번이나 반복되고 있습니다. 자기 자신 외에는 아내도 자식도 없습니다. 오직 자신과 재물이 전부입니다. 하나님은 이 부자가 어리석다고 말씀합니다. 왜요? 자신의 것이 아닌 것을 자신의 것으로 착각하고 살고 있기 때문입니다.

> 어리석은 자는 그의 마음에 이르기를 하나님이 없다 하는도다 그들은 부패하고 그 행실이 가증하니 선을 행하는 자가 없도다(시 14:1).

누가 어리석은 사람이라는 것입니까? 하나님이 없다고 생각하고 그렇게 사는 사람! 결국 이 부자는 하나님의 말씀이 시작되면서 이 무대에서 사라지고 맙니다. 그것으로 인생이 끝난 것입니다. 결국 그가 쌓은 재물과 곳간은 다른 주인을 만나게 될 것입니다.

> 그가 죽으매 가져가는 것이 없고 그의 영광이 그를 따라 내려가지 못함이로다(시 49:17).

물질이 우리를 위해, 돈이 사람을 위해 필요한 것인데 그 돈 벌기가 쉽지 않다 보니 어느덧 사람이 돈의 노예, 물질의 노예로 전락해 버리는 경우가 얼마나 많습니까? 이 부자는 재물이 내 것이라고 생각하고 있지만 하나님은 시간의 카드를 꺼내 들었습니다. 그렇습니다. 어느 누구도 시간을 거스를 수 없습니다. 우리가 누리고 있는 건강, 재물, 명예, 지위 모든 것은 하나님께서 정하신 시간 안에서 누리고 있는 것일 뿐 내가 영원히 소유할 수 있는 것이 아닙니다. 얼마 남지 않은 시간 앞에서도(촛불은 타들어 가는 데도) 캄캄한 방 안에서 돈과 땅문서를 세느라 여념이 없는 어리석은 부자의 모습을 보면서 물질과 세상 풍조가 아닌 하나님의 뜻에 맞추어가는 삶을 살았는지 돌아보아야 합니다. 하나님이 우리를 향해 이렇게 묻고 계십니다.

"네가 누리고 있는 모든 것이 누구의 것이냐?"

20장

누가 나를 살리나

허물로 죽은 우리를 그리스도와 함께 살리셨고(너희는 은혜로 구원을 받은 것이라)(엡 2:5).

일반화의 오류

양복을 판매하는 매장에 들렀습니다. 그런데 그 매장의 여성이 내가 목사인 것을 알고 남자 직원에게 이렇게 말합니다.

"회개해야지!"

대뜸 '회개하라'는 말을 듣는 저는 어리둥절했습니다. 그리고 다시 또 말했습니다.

"교회 가서 회개해야지! 그리고 복 받아야지!"

그 소리를 듣는 저는 뭔가 불편해지며 생각이 복잡해졌습니다.

'이 여성이 회개라는 것을 어떻게 이해하고 있나? 아니면 이 여성은 교회를 다닌 적이 있나? 그래서 자신이 회개할 것이 있는 것을 은연중에 투사하고 있는 것인가? 아니면 목사 앞에서 교회 다니는 사람들이 입으로만 회개하고 또 그저 복을 구하는 기복주의 신앙을 에둘러 조롱하고 있는가? 이 여성이 정말 회개가 무엇인지 깨닫고 회개하고 하나님께 돌아오면 좋겠다!'

오늘 세상 사람들 눈에 교회는 결코 매력적이지 않습니다. 교회의 부패한 모습, 교회 안의 분쟁, 목회자의 윤리적, 성적 타락, 상식도 안 통하는 교회 운영 등 많은 이가 교회를 떠나게 하는 이유가 되었습니다. 그래서 이런 말을 합니다.

"그 교회라고 별 수 있어? 다 똑같지!"

제가 어느 음식점에 들어가서 설렁탕을 시켰는 데 맛이 없었습니다. 그래서 이렇게 말합니다.

"모든 설렁탕은 맛없다."

이런 사고를 철학에서 '일반화의 오류'라고 합니다. 그 사람 때문에 교회 안 나간다든지, 아니면 어떤 교회에서 상처를 받아서 또는 교회의 하는 사역이 마음에 들지 않아서 교회에 안 간다든지 하는 것이 모두 일반화의 오류에 해당합니다. 일반화의 오류란 "어떤 특정 부분을 모든 부분으로 확대 적용하는 생각의 실수"를 가리키는 말입니다. 한 걸음 나아가 "인간이나 사물 혹은 현상의 단면을 보고 저것(사람)은 당연히 저럴 것이다."라고 미리 짐작하여 판단하는 오류입니다.

사람은 누구나 일반적으로 어떤 사항에 대하여 합리적이고 효율적으로 생각하려는 경향이 있습니다. 그래서 자신이 어리석다고 생각하는 사람은 별로 없습니다. 나는 다른 사람에 비해서 머리가 나쁘거나 어리석다고 생각하며 사는 사람은 별로 없습니다. 자신도 타인 못지않게 똑똑하고 지혜롭다고 생각하며 삽니다. 그럼에도 사람은 종종 어리석음에 빠집니다. 그 이유가 무엇일까요?

'스스로 생각하는 능력을 빼앗기기 때문입니다.'

우리는 지식정보화 시대에 살고 있습니다. 수많은 정보의 홍수는 우리에게 많은 유익한 정보를 주기도 하지만 다른 한편으로는 '스스로 생각하는 능력'을 퇴보시킵니다. 그 많은 정보가 무분별하게 학습됩니다. 정보의 홍수 속에 내 생각과 판단이 감당을 하지 못해 표류하는 것입니다. 그래서 '정보의 힘, 언론의 힘'이 무서운 것입니다. 어떤 사항에 대하여 가치판단을 하기 이전에 특정한 목적을 가지고 정보가 전달되고 TV와 신문에 보도되면 올바른 가치판단을 하기가 어렵습니다. 그래서 여론을 조작한다든지 인터넷에서 댓글을 조작하는 것은 매우 위험한 범법 행위입니다. 그러므로 일반화의 오류에서 벗어나기 위한 유일한 방법은 '내 생각을 의심하는 것'입니다.

일반화의 오류에서 벗어나는 방법은 내 생각을 의심하는 것이다. 내 생각만이 합리적이며 절대적으로 옳다는 생각을 내려놓고 타인의 말에 귀 기울여야 합니다. 나아가 일반화의 오류, 생각의 오류에 빠지지 않기 위해서는 그리스도인은 끊임없이 하나님의 말씀을 경청해야 합니다. 하나님의 말씀을 듣고 그저 "은혜 받았어, 감동 받았어."라고 끝내는 것이 아니라 그동안 품었던 생각이 바뀌고 내 행동 양식이 바뀌어야 합니다. 그래서 이렇게 결단해야 합니다.

"하나님의 말씀을 들으려면 생각을 바꾸고 행동을 바꾸겠습니다."

사랑 없인 난 못 살아요

사람은 언제 행복감을 느낍니까? 먹을 때, 잠잘 때, 승진할 때, 타인에게 인정받을 때! 저는 타인으로부터 사랑받을 때 그리고 타인을 사랑할 때 행복감을 느낍니다. 주부들이 좋아하는 일일드라마의 단골 주제는 사랑입니다. 왜냐하면 사랑 없는 인생은 의미가 없기 때문입니다. 적어도 이 예배의 자리에 함께하는 우리는 태어나는 순간부터 부모님으로부터 그리고 주위의 수많은 사람으로부터 사랑받고 살아왔습니다. 그러나 때로는 그 사랑이 충족되지 못해서 아파하고 슬퍼하기도 합니다. 사랑이 있어야 할 자리에 사랑이 있으면 행복합니다. 반면에 사랑이 있어야 할 자리에 사랑이 없으면 외롭습니다. 이 시대 많은 사람들이 사랑의 충족이 아닌 사랑의 결핍으로 고통 받습니다. 조영남 씨가 부른 "사랑 없인 못 살아요"라는 노래가 있습니다.

밤 깊으면 너무 조용해
책 덮으면 너무 쓸쓸해
불을 끄면 너무 외로워
누가 내 곁에 있으면 좋겠네
이 세상 사랑 없이 어이 살 수 있나요
다른 사람 몰라도 사랑 없인 난 못 살아요

한낮에도 너무 허전해
사람 틈에 너무 막막해
오가는 말 너무 덧없어
누가 내 곁에 있으면 좋겠네
이 세상 사랑 없이 어이 살 수 있나요
다른 사람 몰라도 사랑 없인 난 못 살아요

"누가 내 곁에 있으면 좋겠네." 이 문장은 이런 의미입니다. "누가 나를 사랑해 주면 행복할 텐데!" 외로울 때 누군가 잠시만 내 곁에 있어 줘도 좋지 않겠습니까? 우리 하나님은 내 곁에 영원히 있어 주시는 분이십니다. 천사 가브리엘은 마리아에게 태어날 아이의 이름이 예수요 그의 또 다른 이름이 '임마누엘', 곧 'God with us 하나님이 우리와 함께 계시다'로 가르쳐 주었습니다. 하나님이 얼마나 함께 하시나요?

> 내가 너희에게 분부한 모든 것을 가르쳐 지키게 하라 볼지어다 내가 세상 끝날까지 너희와 항상 함께 있으리라 하시니라(마 28:20).

우리 주님은 세상 끝 날까지 함께 하시는 분이시요, 함께 하시되 끝까지 사랑하시는 분이십니다.

예배란 '하나님과의 사랑의 관계를 맺는 행위'입니다. 예배를 통하여 하나님께서 나를 사랑하시는 것을 확신하게 되고 나 또한 마음을 다하고 뜻을 다하고 힘을 다하여 하나님을 사랑하는 시간입니다. 우리가 믿는 하나님은 '사랑의 하나님'이십니다.

> 사랑하지 아니하는 자는 하나님을 알지 못하나니 이는 하나님은 사랑이심이라(요일 4:8).

죄와 죽음

하나님의 대표적인 성품이 사랑입니다. 온 우주만물을 창조하시고 사람을 만드시고 지금도 정교하게 그리고 질서 있게 운행하시는 하나님은 사랑의 하나님이십니다. 그 하나님은 지금 저와 여러분의 인생을 사랑하시고 영혼을 사랑하십니다. 문제는 이렇게 사랑이 많으신 하나님과 지속적인 사랑의 관계를 맺고 살기 위해서는 반드시 해결해야 할 두 가지 숙제가 있습니다. 죄의 문제 곧 죽음의 문제와 죽음 이후의 문제를 해결하는 것입니다.

　죄의 문제, 죽음의 문제는 그 주제 자체가 무겁습니다. 목회자로서 한 해에 50여 건이 넘는 장례식을 집례합니다. 장례예배를 집례할 때마다 느끼는 것은 죽음은 삶과 먼 거리에 있는 것이 아니라 마치 동전의 양면처럼 함께 하는 것입니다. 죽음을 멀리한다고 죽음을 회피한다고 회피할 수 없음을 깨닫습니다.

　오늘 같은 시대에 '죄'와 '죽음'을 말하고 '죽음 이후의 천국과 지옥'을 말하는 것'은 시대에 한참 뒤떨어진 주제일 수 있습니다. 그래서 사람들은 죽음, 죄와 심판, 천국과 지옥 등의 말도 싫어하고 설교도 싫어합니다. 그런 설교보다는 영광, 성공, 형통, 긍정 등의 설교를 더 좋아합니다. 그렇다고 설교에서 빼버릴 수 없습니다. 만약 독약이 든 병을 보기 싫다고 '설탕' 이렇게 써 놓으면 어떻게 되겠습니까? 누군가 설탕인 줄 알고 먹으면 큰일 납니다. 죽을 수 있습니다. 이 시대 사람들이 죄 이야기를 싫어하는 것은 두 가지 이유 때문입니다.

　첫째, 양심에 가책을 느끼기 때문입니다. 요즘 사람들은 너무 뻔뻔합니다. 양심의 가책을 느끼는 것도 싫어하고 느끼지도 못합니다. 이것이 하나님을 떠난 시대의 모습입니다.

　둘째, 죄를 해결할 방법을 모르기 때문입니다. 어떤 사람들은 교회에 가면 멀쩡한 사람에게 죄인이라고 한다고 싫어합니다. 그러나 교회는 멀쩡한 사람을 죄인으로 만드는 곳이 아닙니다. 교회는 사람의 죄를 분명하게 말하지만 정죄하고 끝나는 것이 아니라 그 죄를 해결해 주는 길을 가르쳐 주고 있는 곳입니다. 교회에 왜 오십니까? 죄의 문제를 해결하기 위해서입니다. 하나님의 진단이 무엇입니까?

> 그는 허물과 죄로 죽었던 너희를 살리셨도다(엡 2:1).

사람을 향한 하나님의 진단은 이것입니다. 허물과 죄 때문에 사망하다! 오늘 사람을 향한 하나님의 영적 진단은 이것입니다. '사람이 어떤 존재냐? 죄를 지은 존재다!'

> 기록된 바 의인은 없나니 하나도 없으며 깨닫는 자도 없고 하나님을 찾는 자도 없고 다 치우쳐 함께 무익하게 되고 선을 행하는 자는 없나니 하나도 없도다(롬 3:10-12).

> 모든 사람이 죄를 범하였으매 하나님의 영광에 이르지 못하더니(롬 3:23).

하나님이 의인은 있는데 아주 조금밖에 없다고 말씀하시면 얼마나 좋겠습니까? 그러면 내가 교회에서 목사, 장로, 권사, 집사 정도 되고 신앙생활 수십 년 정도 했으니 나도 의인에 속하겠지 라고 착각이라도 할 수 있지 않겠습니까?

"하나님 저는 나쁜 짓을 한 적이 없습니다. 남을 속여 이득을 취한 일도 없고 때린 일도 없고 도둑질한 일도 없습니다. 매일매일 성실하게 살았습니다. 가끔 남을 돕기도 했습니다. 그리고 주일이면 꼬박꼬박 교회에 나갔으니 살짝 의인에 속해야 하는 것 아닙니까?"라고 항의할 수 있습니다. 하나님은 그런 착각을 단호하게 잘라 버리십니다.

"네가 어떤 직분을 가졌든지 어떠한 사람이든지 죄인이다."

이러한 하나님의 진단은 참으로 기분이 별로입니다. 만약 정기 건강 검진을 받는 중 종양이 발견되었다면 얼마나 놀라고 기분이 상합니까? 그렇다고 그냥 돌아오는 사람이 있겠습니까? 기분이 상하니까 의사 선생님에게 화를 내고 오면 끝납니까? 아닙니다. 기분이 상해도 진찰 결과를 인정하고 의사 선생님의 처방을 따라야 합니다. 시술이든 수술이든 약물치료든 하라는 대로 순종해야 합니다.

의사 선생님이 말하기를 "이 종양은 시술로 제거할 수 있습니다."라고 한다면, 어떻게 하면 됩니까? 시술을 받으면 됩니다. 하나님은 우리에게 '죄인'이라는 진단으로 끝내시는 분이 아니라 그 죄인을 살리는 처방을 해 주셨습니다. 예수 그리스도께서 죄와 허물로 죽었던 우리를 살리셨습니다. 그렇다면 왜 사람이 죄인이 되었을까요?

> 그때에 너희는 그 가운데서 행하여 이 세상 풍조를 따르고 공중의 권세 잡은 자를 따랐으니 곧 지금 불순종의 아들들 가운데서 역사하는 영이라 전에는 우리도 다 그 가운데서 우리 육체의 욕심을 따라 지내며 육체와 마음의 원하는 것을 하여 다른 이들과 같이 본질상 진노의 자녀이었더니 (엡 2:2-3).

사람이 하나님의 말씀을 따라 살지 아니하고 이 세상의 풍조를 따르고 특히 공중의 권세 잡은 자, 불순종의 아들 가운데 역사하는 영인 바로 '사탄', 즉 '마귀'를 따라 살았습니다. 하나님의 자녀가 육체의 욕심을 따라 살고 내 본성대로 살았습니다. 이것이 죄입니다. 하나님을 믿지 않은 것이 죄입니다. 그리고 그 죄의 결과는 하나님의 심판, 곧 죽음이었습니다.

누가 나를 살리랴

사랑이 풍성하신 하나님은 우리를 긍휼히 여기셔서 즉 불쌍히 여기셔서 예수님을 십자가에 내어 주셨습니다. 단순히 감정적으로 불쌍히 여겨 주신 것만이 아니라 내 대신 십자가에서 죽어 주신 것입니다. 이것이 십자가의 팩트(fact)입니다.

누군가 나에게 식사 한 끼만 대접해도 고맙지 않습니까? 제가 빚을 천만 원을 갚지 못해 교도소에 잡혀갈 위기에 처했는데 지인이 대신 갚아 주면 큰절을 몇 번 하겠습니까? 하물며 나를 위하여 대신 십자가에서 죽어 주셨는데 어찌 감사를 하지 않을 수 있습니까? 평생 감사를 하고 살아야 하지 않겠습니까? 모든 사람들의 공통점이 있습니다. 그것은 반드시 죽게 된다는 사실입니다. 왜냐하면 허물과 죄 때문에! 그 사망에서 누가 나를 살릴 수 있습니까?

오직 예수 그리스도!

21장

천국은 있다

이르되 모세와 선지자들에게 듣지 아니하면 비록 죽은 자 가운데서 살아나는 자가 있을지라도 권함을 받지 아니하리라 하였다 하시니라(눅 16:31).

유비쿼터스

이 시대를 가리켜 '유비쿼터스 시대'라고 합니다. 유비쿼터스란 라틴어로 '유비크(ubique)'에서 나온 말로 '유비크'는 'everywhere'입니다. 즉 '어디서든지', '사용자가 어느 곳에서든지 인터넷에 접속할 수 있는 환경'을 말하는 것입니다. 마치 공기가 세상 모든 곳에 존재하듯이 말입니다. 유비쿼터스라는 말이 신학적으로 사용될 때는 편재(遍在), 즉 하나님은 언제 어디서나 함께하신다는 뜻입니다. 그러므로 우리 하나님은 유비쿼터스의 하나님이십니다.

유비쿼터스의 하나님은 지금도 온 우주만물을 창조하시고 다스리시며 사람의 生과 死를 주관하십니다. 나아가 이 세상뿐만 아니라 죽음 이후의 세상까지도 다스리시는 분이십니다. 목회자로서 수많은 장례를 집례하면서 깨달은 것 두 가지가 있습니다. 어느 누구도 죽음을 피할 길은 없다. 사람이 한 번 왔다 죽는 것으로 끝나는 것이 아니다. 천국이 있고 지옥이 있다.

이 세상에서의 삶이 전부라고 생각하십니까? 만약 이 세상이 전부라고 생각하는 분은 교회에 다닐 필요가 없습니다. 그러나 그리스도인은 이 세상이 전부가 아니요 끝이 아니라는 것을 알고 있습니다. 어떻게 알 수 있습니까? 하나님의 말씀을 통해서 분명히 알 수 있습니다.

우리가 실존하는 이 세계도 다 알지 못하고, 지구에 대해서 다 알지 못합니다. 나아가 수천억 광년이라고 하는 우주는 더더욱 모릅니다. 우주는 경이롭고 신비한 세계일 뿐입니다. 현존하는 세계에 대해서 다 알지 못하는 것처럼 죽음의 실체에 대해서도 알지 못합니다. 죽게 되면 분명하게 알게 될 것입니다. 확실한 것은 성경은 죽음 이후를 준비하는 삶을 살라고 가르친다는 사실입니다. 왜냐하면 죽고 난 다음에는 돌이킬 수 있는 기회가 없기 때문입니다.

사람이 이 세상 나라에서 반드시 해야 할 일이 바로 영원한 나라를 준비하는 것입니다. 그 준비는 바로 믿음으로 사는 것입니다. 믿음으로 사는 자는 천국의 영원한 나라가 예비되지만 믿음과 상관없이 살아가는 자에게는 영원한 지옥이 기다리고 있을 뿐입니다.

이 시대에 '천국과 지옥'을 말하는 것은 매우 어리석고 유치해 보이고, 무지해 보일 수 있습니다. 그러나 저는 목회자로서 가장 중요한 사명이 바로 천국과 지옥을 선포하는 것이라고 믿습니다. 누군가 "예수를 믿어야 하는 이유가 무엇입니까?"라고 묻는다면 무엇이라고 대답하시겠습니까?

① 예수를 믿으면 복을 받으니까
② 마음의 평안을 얻으니까
③ 믿는 것이 안 믿는 것보다 나으니까
④ 밑져야 본전이니까
⑤ 안 믿으면 지옥이요 믿으면 천국이니까

어떤 분이 이렇게 주장하는 글을 읽은 적이 있습니다.
"단순히 지옥에 갈까봐 무서워 예수님을 믿는다고 해서 저는 상당히

놀랐습니다. 지옥 갈까 무서워 믿는 예수라니! 그렇게 믿어서야 되겠습니까?"

어떻게 생각하십니까? 지옥에 갈까 무서워 예수를 믿는 것은 유치해 보입니까? 저급해 보입니까? 무지해 보입니까? 어리석게 보입니까? 지옥에 갈까 무서워 예수를 믿으라는 것은 일종의 협박처럼 들리십니까? 제가 무슨 자격으로 협박을 하겠습니까? 이것은 협박이 아니라 영혼에 대한 사랑과 안타까움의 표현임을 알아야 합니다. 지옥에 갈까 무서워 예수를 믿는다는 믿음을 점수로 환산하면 몇 점을 주시겠습니까? 저는 100점을 주겠습니다. 어떤 교인이 예배 후 목사에게 이렇게 항의합니다.

"목사님! 아직도 지옥에 관해 설교하십니까? 요즘 신학적인 경향은 지옥의 실체에 관해 언급하지 않습니다."

목사가 이렇게 대답했습니다.

"지옥에 관한 설교는 하지 않는다 하여 지옥이 없어지는 것이 아니니 그것이 문제이겠지요!"

지옥이 무서워서 믿는 것이 아니라 좀 더 멋지고 괜찮아 보이는 이유를 붙이자고 합니다. 그러나 하나님 앞에서 이런 태도가 바로 '죄인의 태도'라는 것을 알아야 합니다. 오늘 어디를 가면 죽음 이후에 대하여 그리고 내 영혼에 대하여 이야기를 들을 수 있습니까? 성경은 그 이 이야기를 여과 없이 말씀하고 있습니다.

> 한번 죽는 것은 사람에게 정해진 것이요 그 후에는 심판이 있으리니 (히 9:27).

사람이 죽은 다음에 하나님의 심판이 있습니다. 그 심판은 어떤 심판입니까?

> 그들은 영벌에, 의인들은 영생에 들어가리라 하시니라(마 25:46).

영생과 영벌의 심판입니다. 영생은 천국을, 영벌은 지옥을 말합니다. 미국의 롭 벨이라는 목사는 『사랑이 이긴다』라는 책을 썼는데 많이 팔렸습니다.
"사랑이 많으신 하나님께서 사람이 죽어 지옥을 예비했다는 것은 모순 아니냐? 그럴 수 있느냐? 지옥이 없다."
그러나 지옥은 마귀와 그 사자들을 위한 것임을 알 수 있습니다.

> 또 왼편에 있는 자들에게 이르시되 저주를 받은 자들아 나를 떠나 마귀와 그 사자들을 위하여 예비된 영원한 불에 들어가라(마 25:41).

지옥은 원래 하나님께 반역한 천사들, 곧 사탄을 위해 예배된 것이지만 하나님을 따르지 아니하고 불순종하는 사람 역시 사탄에 속한 영으로 영원한 지옥 심판에 따라가는 것입니다. 사람이 이 세상에서 수명을 다해서 죽는 죽음이 첫째 사망이라면 하나님 앞에서 심판을 받고 영원한 지옥의 형벌을 받는 것을 둘째 사망이라고 합니다. 이 세상에서 한 번 죽는 것은 누구에게나 해당되지만 믿음으로 사는 자는 둘째 죽음이 임하는 것이 아니라 영생이 임하는 것입니다. 둘째 죽음의 심판을 받고 지옥에 들어갈 사람들을 이렇게 말씀하고 있습니다.

> 그러나 두려워하는 자들과 믿지 아니하는 자들과 흉악한 자들과 살인자들과 음행하는 자들과 점술가들과 우상 숭배자들과 거짓말하는 모든 자들은 불과 유황으로 타는 못에 던져지리니 이것이 둘째 사망이라(계 21:8).

어떤 분들은 내가 이 세상에서 나쁜 일을 한 게 없고 죄를 지은 일이 없는데 왜 지옥 가냐고 생각하는 분들이 있습니다. 지옥에 들어가는 여러 부류의 사람들을 보세요! 그 가운데 예수님을 믿지 아니하는 사람들이 포함되어 있습니다. 나의 죄를 위하여 십자가에 대신 죽어 주시고 부활하심으로 영원한 생명을 주신 분이 예수 그리스도이심을 믿고 그분이 바로 하나님이요 창조주이심을 믿어야 하지만 믿지 않는 자들에게는 지옥이 기다리고 있습니다. 그러면 지옥은 어떤 곳인가? 영원한 고통만이 있는 곳입니다. 주님은 지옥을 영원한 불, 지옥 불(마 18:8-9), 꺼지지 않는 불(마 3:12), 불과 유황으로 고통 받는 장소로(계 14:10) 말씀하고 있습니다.

군대에 대해 아십니까? 군대를 다녀왔습니까? 남편이 이야기해 주어도 잘 모릅니다. 남편이 군대 이야기하면 싫어합니다. 군대에서 축구

한 이야기하면 더 싫어합니다. 그러나 저는 군 선교를 22년간 했기 때문에 누구보다도 잘 알고 있습니다. 교도소는 어떻습니까? 교도소에 대해 아십니까? 교도소에 수감되어 본 적이 있습니까? 저는 교도소를 가 보지 않아서 모릅니다. 수형 생활을 해 보지 않아서 전혀 모릅니다. 앞으로도 계획이 없습니다. 그런데 우리 교회 장로님이 교도관입니다.

"장로님! 교도소 한 번 살아 볼 만합니까? 갈까요?"

장로님이 이렇게 대답하십니다.

"목사님! 교도소에도 죄수가 살기야 살지요! 그래도 오지 마세요!"

지옥이 어떤 곳인지 아십니까? 저도 안 가 봐서 잘 모릅니다. 그 지옥에 대하여 예수님께서 친히 생생하게 증언한 내용이 바로 누가복음 16장의 이야기입니다. 그래서 더 충격적입니다. 창조주이신 예수님의 증언만큼 더 정확한 증언이 어디 있겠습니까? 예수님은 지옥의 실체를 증명하기 위하여 지옥의 고통 중에 있는 부자와 천국의 위로를 받고 있는 나사로의 이야기를 하셨습니다.

성경에 나오는 예수님의 복음 전도는 두 종류입니다. 첫째는 비유로 하신 말씀입니다. 그래서 '비유로 말씀하시되' 또는 '천국은 ~과 같으니' 이런 표현이 있습니다. 둘째는 사실을 그대로 옮긴 말씀입니다. 본문은 비유로 말씀하시되 또는 '지옥은 ~과 같으니'라는 표현이 없으므로 지옥의 사실을 그대로 증언하고 계신 것입니다. 모 식품의 회장이 자신이 만든 산수유를 팔아야 하는데 직접 나와서 한 광고가 대 히트를 쳤습니다.

"남자에게 참 좋은데 뭐라고 표현할 방법이 없네."

저는 이 광고를 패러디해서 이렇게 말하고 싶습니다.

"천국! 모든 사람에게 참 좋은데 뭐라고 표현할 방법이 없네!"

그러면 정말 천국을 표현할 방법이 없을까요? 예수님은 천국에 대한 말씀을 그 어떤 것보다도 많이 하셨습니다. 천국은 마치 좋은 진주를 구하는 장사와 같다(마 13장). 천국은 밭에 감추인 보화와 같다(마 13장), 천국은 종들과 결산하는 임금과 같다(마 18장). 천국은 마치 아들을 위하여 혼인잔치를 베푼 임금과 같다(마 22장), 천국은 포도원의 주인과 같다(마 20장). 그런데 누가복음 16장의 내용은 예수님이 천국의 모습, 지옥의 모습을 사실적으로 기술하고 있다는 점에서 매우 충격적인 본문입니다.

부자와 나사로

누가복음 16장에 부자의 이름은 나오지 않지만 믿음의 조상 아브라함이 나오고, 나사로란 개인의 이름이 나옵니다. 즉 실제의 있었던 삶을 이야기하고 있다는 것입니다. 이 실제의 이야기를 증언함으로써 지옥에 들어가는 것에 대해 심각하게 경고하고 있습니다. 한 부자가 있었습니다. 이 사람은 자색 옷과 고운 베옷을 입고 날마다 호화롭게 살았고 그 형제는 5명이나 되었습니다. 그리고 그 부자의 대문 앞에는 나사로라고 하는 병든 거지가 살고 있었습니다.

이에 그 거지가 죽어 천사들에게 받들려 아브라함의 품에 들어가고 부자도 죽어 장사되매(눅 16:22).

저는 이 말씀을 수없이 읽고 들었습니다. 그런데 이 두 낱말이 눈에 확 들어 왔습니다.
"그 거지가 죽어, 부자도 죽어!"
그리고 그 다음에 이렇게 쓰면 되겠다 생각했습니다.
"나도 죽어!"
그렇습니다. 이 지구상에 살고 있는 모든 사람, 나아가 모든 생명체는 언젠가는 죽습니다. 죽음은 가난한 자나 부자나 모두에게 찾아옵니다. 건강한 자나 병든 자나 모두에게 찾아옵니다. 권력이 있는 자나 없는 자나 모두에게 찾아옵니다. 그렇다면 왜 나사로는 천국에 갔고 부자는 지옥에 갔을까요? 부자와 아브라함의 대화를 통해서 유추해 볼 수 있습니다. 부자가 아브라함에게 이렇게 요청합니다.

내 형제 다섯이 있으니 그들에게 증언하게 하여 그들로 이 고통 받는 곳에 오지 않게 하소서(눅 16:28).

어쩌면 부자가 이 세상과 지옥에서 한 말 중 가장 훌륭한 말을 꼽는다면 바로 이 요청이 아니었을까? 아브라함이 대답합니다.

아브라함이 이르되 그들에게 모세와 선지자들이 있으니 그들에게 들을지니라(눅 16:29).

부자는 죽은 자가 그들에게 가서 말하면 그들이 회개할 것이라고 생각합니다. 무슨 뜻입니까? 이 부자는 선지자들이 전한 말씀을 듣지 않았고, 회개 없는 인생을 살았음을 알 수 있습니다. 그래서 부자는 지옥에 갈 수밖에 없었습니다.

모세는 하나님의 율법과 선지자는 예언을 말합니다. 이 이야기를 통해서 다음과 같은 사실을 확인할 수 있습니다.

① 지옥은 고통 받는 곳이다.
② 지옥에서도 분명히 이 세상에서의 생각, 의식이 연장된다.
③ 모세와 선지자들, 즉 하나님의 종들을 통해 주시는 말씀을 듣지 않고 순종하지 않는 자들은 지옥에 간다.
④ 지옥은 손가락 끝에 물을 찍어 서늘하게 해 줄 수도 없는 영원한 고통과 괴로움이 있는 곳이다.
⑤ 천국은 주의 종들을 통해 주시는 말씀을 듣고 믿은 사람들이 가는 곳이다. 그래서 나사로는 천국에 갔다.
⑥ 천국은 영원한 위로를 받는 곳이다.
⑦ 천국과 지옥 사이에는 왕래가 불가능한 간격이 있다.

나사로는 이 세상에서 천국으로 이어지는 믿음의 삶을 살았고 부자는 이 세상에서 지옥으로 이어지는 불신의 삶을 살았습니다. 시간에서 영생으로 이어지는 삶이 있고 시간에서 지옥으로 이어지는 삶이 있습니다. 철학자 볼테르는 "하나님은 없다. 성경은 거짓말이다. 나는 50년 안에 기독교를 파괴시키겠다."고 호언하였습니다. 그러나 그는 죽을 때 이런 말을 남겼습니다.

"나는 차라리 태어나지 아니하였으면 좋을 뻔하였다. 나는 지옥으로 간다."

그가 죽은 지 20년 후 그의 집은 성서공회의 출판 인쇄소가 되었습니다. 우리가 이 세상에서 받은 가장 큰 축복이 무엇입니까? 바로 예수님을 믿는 복입니다. 예수님이 구세주이심이 믿어지는 복입니다. 말씀을 들으면 아멘이 되고 예배를 드리면 은혜를 받는 복입니다. 오늘날 많은 사람들이 '예수님을 믿지 않아도 잘 먹고 잘되고 잘 사는데 굳이 예수님을 믿고 교회를 나가야 할 필요가 있는가'라고 생각합니다. 그러나 성도 여러분! 이런 사람을 부러워하지 말기 바랍니다. 예수님 없이 잘 먹고, 잘되고, 잘 사는 것은 결코 축복이 아니라 저주라는 사실을 알아야 합니다. 왜냐하면 예수님 없이 그렇게 먹고 그렇게 누리고 그렇게 살다 그렇게 죽는 사람에게는 지옥이 입을 벌리고 기다리고 있기 때문입니다.

> 예수께서 이르시되 여자여 어찌하여 울며 누구를 찾느냐 하시니 마리아는 그가 동산지기인 줄 알고 이르되 주여 당신이 옮겼거든 어디 두었는지 내게 이르소서 그리하면 내가 가져가리이다(요 20:15).

영원한 하나님 나라의 생명책에 우리의 이름이 기록되어 있음을 믿습니다.

22장

포용과 배제의 시대

사마리아 여자가 이르되 당신은 유대인으로서 어찌하여 사마리아 여자인 나에게 물을 달라 하나이까 하니 이는 유대인이 사마리아인과 상종하지 아니함이러라 (요 4:9).

배제의 시대

우리는 어렸을 때 단군의 자손으로 반만년(5천 년) 유구한 역사를 가진 단일민족이라는 교육을 받고 자랐습니다. 그리고 이런 노래를 많이 불렀습니다.

> 나의 조국
> 백두산의 푸른 정기 이 땅을 수호하고
> 한라산에 높은 기상 이 겨레 지켜왔네
> 무궁화 꽃 피고 져도
> 유구한 우리 역사 굳세게도 살아 왔네
> 슬기로운 우리 겨레

'겨레'는 순우리말로 '같은 핏줄을 이어받은 민족'을 뜻합니다. 겨레를 한자로 하면 '민족'입니다. 민족이란 '인종, 언어, 문화, 역사를 같이 하여 같은 전통과 정체성을 가진 집단'을 말합니다. 5천 년 단일민족의 역사를 강조하던 사회가 2005년 정부 정책과 언론 캠페인에 힘입어 이민자를 포용하는 성숙한 사회로 거듭나고 있다고 보도했습니다.

2018년 7월 16일 미국의 외교 전문지 '포린폴리시'는 '한국인들, 타인을 사랑하는 법을 배우다'라는 제목으로 한국의 다문화 캠페인을 성공적인 이민정책 사례로 꼽았습니다. 선진국들의 공통된 당면 문제가 두 가지가 있는데 하나는 고령화, 또 하나는 반 이민문화와 정서입니다. 그런데 한국은 이 두 가지를 한꺼번에 해결한 나라라고 지목했습니다. 2000년대 초까지만 해도 교과서와 정부 정책은 한민족의 혈통과 순수성을 강조했습니다.

"우리 것이 좋은 것이여! 신토불이! 우리 것이 좋은 것이여!"

이것을 외치며 국산 장려 운동을 펼치던 시기가 있었습니다. 아마도 FTA에 따른 농업 시장이 개방되면서 농업을 지키기 위한 일종의 고육지책이지 않았나 하는 생각이 듭니다. 그러나 '우리 것이 좋은 것이여!'라는 구호 속에는 '우리 것이 아닌 것은 좋지 않다'라는 생각이 은연중에 배어 있지 않습니까?

국산 꽃게와 중국산 꽃게 중에 어떤 것이 맛있습니까? 그러면 꽃게 맛은 한국산과 중국산이 다릅니까? 같습니다. 둘 다 서해에서 잡습니다. 꽃게 철만 되면 연평도 백령도 근처에서 한국 어선과 중국 어선이 치열한 고기잡이 전쟁을 치르고 있지 않습니까? 꽃게뿐입니까? 조기도 있습니다.

똑같은 조기이지만 우리나라 어선에 걸리면 국내산, 중국어선에 걸리면 중국산이 되는 것입니다. 우리 것이 좋은 것이여! 신토불이 같은 폐쇄적이고 배타적인 구호는 이제 사라졌습니다. 우리 것을 팔기 위해서는 다른 나라 제품도 팔아 주어야 합니다. 국산 차를 수출하기 위해서는 수입차도 팔아 주어야 합니다. 그러므로 국산 차를 타든지 수입차를 타든지 그것 가지고 애국 운운할 필요가 없습니다. 자신의 필요와 기호에 따라 구매하면 그만입니다.

다문화 사회

현재 우리나라는 이미 다민족, 다문화 사회가 되었습니다. 한민족의 순수 혈통 사회에서 다문화 사회로 급격하게 전환이 되었습니다. 다문화 사회로 전화된 계기로는 출산율 저하와 국제 결혼을 들 수 있습니다. 베트남, 필리핀, 태국, 중국 등 외국인 여성들이 한국으로 시집을 오고 있습니다. 2010년 다문화사회에 대한 지지도가 60% 이상으로 나타났습니다. 지금은 더 높아졌을 것입니다. 이미 군대에 다문화 가정의 아들들이 들어와서 나라를 지키고 있습니다.

이렇게 급격하게 사회가 변화하면서 우리 안에 있는 가치 체계가 혼선을 빚게 되었습니다. 다문화에 대한 포용과 배제가 서로 대립을 하고 갈등을 빚기도 합니다. 우리가 사는 세상은 포용보다는 배제가 더 익숙한 세상입니다. 밀로슬라프 볼프라는 크로아티아 출신의 신학자가 있습니다. 그가 쓴 『배제와 포용』이라는 책이 있습니다. 볼프는 이 책에서 이렇게 주장합니다.

기독교는 본질적으로 '배제'라는 것을 근거로 하지 않는다. 사람은 비판하거나 정죄하기 이전에 하나님의 형상으로 지음 받은 존엄한 존재로 존중받아야 한다.

'배제와 포용'을 어떻게 다루어야 하는지 두 가지 차원에서 생각해 보아야 합니다. 첫째는 복음의 진리 차원입니다. 복음을 한 문장으로 하면 어떻게 표현할 수 있을까요? "하나님께서 나를 사랑하십니다." 복음은 우리를 향한 하나님이 사랑입니다. 사랑의 속성이 무엇인지 아십니까? 그것은 독선적이고 배타적이라는 사실입니다. 독선은 자기만이 옳다고 믿고 행동하는 일을 말합니다. 예를 들어 한 남자가 한 여성을 향하여 사랑하는 것은 독선입니다. 다른 남자, 다른 여성을 사랑하지 않고 오직 한 남자, 한 여성만을 사랑하겠다고 하는 것은 배타적인 태도입니다. 그것 가지고 비난할 수 없습니다. 사랑은 그 자체가 배타적이고 독선적입니다.

유일신을 믿는 종교는 대체적으로 배타적이고 타협할 줄 모릅니다. 기독교는 유일하신 하나님을 믿습니다. 그래서 구원관도 타종교에 대하여는 배타적입니다. 오직 예수 그리스도에게만 구원이 있습니다. 그래서 많은 사람이 그리스도인을 '배타적이고 독선적이다'라고 비난합니다. 그러나 기독교보다 더 배타적인 종교는 이슬람이요 불교입니다. 특히 이슬람의 배타성은 타의 추종을 불허합니다. 그래서 이슬람 선교를 하는 것은 어느 선교지보다 더 어렵습니다. 그들은 예수님을 믿는 순간 그 사회로부터 격리되고 가정으로부터 분리되고 죽음의 위협에 시달립니다. 그리고 실제로 죽임을 당합니다. 그러나 이슬람을 배경으로 한 테러 집단 때문에 중동 사람 혹은 무슬림을 테러리스트로 여기는 것은, 극단적인 편견이라고 밖에 할 수 없습니다.

둘째, 타인과의 관계의 차원입니다. 일반적으로 우리는 나와 다른 타인의 '다름'을 '틀림'으로 생각합니다. 다른 것과 틀린 것의 구분을 모호하게 할 때가 많습니다. 어떤 경우에는 타인에 대한 다름, 편견, 선입견을 '두려움'으로 이해합니다. 결국 그 두려움을 극복하는 방식은 타인에 대한 배제의 방식을 선택합니다. 그래서 그 사람에 대하여 배타적인 삶의 태도와 행동을 만들어 냅니다. 이렇게 배제의 사고와 태도가 가져오는 문화가 무엇입니까? '우리끼리의 문화'입니다. 고향이 같다든지, 같은 학교를 나왔다든지 하는 동질성을 추구합니다. 그래야 서로 배제하지 않기 때문입니다. 타인을 배제하는 것은 너무 쉬운 일입니다. 그러나 타인을 포용하는 것은 정말 엄청나게 어려운 일입니다. 포용하는 것은 반드시 대가를 지불해야 합니다. 자기 희생을 감수해야 일어나는 일입니다. 배제의 역사가 어디서 시작되었습니까?

'배제의 역사'가 시작된 곳은 에덴동산이었습니다. 아담과 하와는 선악을 알게 하는 나무의 실과를 따 먹을 때 자신들의 결정 과정에서 하나님을 완전히 배제시켰습니다. 그것이 바로 죄의 시작이었습니다. 그리고 가인은 동생 아벨을 자신의 삶에서 배제시켰는데 그 방법이 동생을 죽이는 것이었습니다. 이렇게 하나님을 향한 배제, 사람을 향한 배제는 창세기 11장에 '바벨탑의 반역 사건'으로 이어집니다. 사람들은 바벨탑을 쌓아 자신의 이름을 세상에 내자고 하였습니다. 이 말은 인간의 역사, 이 피조 세계의 주인이 바로 자신의 것이라는 교만함의 표현이었습니다. 결국 교만이란 '인간의 역사에서 하나님을 완전히 배제하려고 한 것'이라고 할 수 있습니다. 이것은 창조주를 향한 엄청난 도전이었습니다. 결국 바벨탑 심판을 받고 말았습니다.

배제의 방식이 얼마나 쓰라린 삶의 결과를 가져 오는지, 또 하나님의 심판을 가져 오는지 알아야 합니다. 오늘 우리는 '포용'보다는 '배제'에 익숙합니다. 왜 그럴까요? 복음으로 충만한 것이 아니라 율법주의로 충만하기 때문입니다. 그러므로 예수님을 믿는다고 하면서도 여전히 타인을 배제하는 삶을 살고 있다면 포용의 삶으로 변화되기를 원합니다.

포용의 시대

'복음으로 예·잘·성', '은혜로 소·공·동', '사랑으로 하모니'는 주님 오시는 그날까지 계속되어야 합니다. 저는 그것이 주께서 원하시는 참된 교회의 모습이라고 믿습니다. 예배를 드리는 것도 하모니, 찬양하는 것도 하모니, 헌신하는 것도 하모니, 사역하는 것도 하모니를 이루어야 합니다. 하나님이 찾으시는 참된 교회는 '한 사람의 열 걸음보다 열 사람의 한 걸음'으로 전진하는 교회입니다. 복음으로 충만한 교회는 성도 상호 간에 배제와 배타가 아닌 포용과 섬김을 통해서 하모니를 이루어 갑니다. 그러나 복음으로 충만하지 않은 사람은 하모니를 깨뜨리고 배제의 삶을 살아갑니다.

그런 차원에서 수가성 여인의 이야기는 하나님과 사람, 사람과 사람 사이의 최고의 하모니를 보여 주고 있습니다. 당시 유대인들은 사마리아인들을 배제하였고, 사마리아인들도 유대인을 배제하는 삶을 살았습니다. 예수님은 이 사마리아라는 배제의 땅에 포용의 길을 내시기 위해서, 배제의 시대에 포용의 시대를 열기 위하여 의도적으로 사마리아에 들어 가셨습니다.

우리는 어떻습니까? 같은 교회를 다니지만 이곳에 오는 다른 교인들과 내가 무슨 관계가 있습니까? 관계가 없어야 합니까? 나 혼자 예수님 믿고 구원 받으면 전부입니까? 예배드리고 헌금하고 돌아가면 교인으로서 책임을 다한 것입니까? 오늘 내가 딛고 있는 이 땅을 배제의 땅으로 만들어 가는 교인들이 얼마나 많습니까? 같은 교회를 다녀도 어떤 분하고는 눈을 마주치기를 싫어합니다. 대화를 나누고 싶지도 않습니다. 저 사람하고 어울리는 것이 싫습니다. 같이 사역하는 것은 더 싫습니다. 창조주와 피조물! 죄 없으신 하나님과 죄인이 어울릴 수 있는 관계입니까? 예수님과 사마리아 여인! 결코 어울릴 수 없는 관계입니다. 유대인과 이방인, 유대인 남자와 이방 여자! 죄 없으신 하나님과 죄인! 결코 어울릴 수 없는 관계입니다.

> 사마리아 여자가 이르되 당신은 유대인으로서 어찌하여 사마리아 여자인 나에게 물을 달라 하나이까 하니 이는 유대인이 사마리아인과 상종하지 아니함이러라(요 4:9).

사마리아는 유대인에게 배타적인 땅입니다. 그런데 예수님의 유대를 떠나 갈릴리로 가실 때 일반적인 유대인처럼 사마리아를 우회하지 않고 사마리아를 통과하셨습니다. 그것은 유대인과 사마리아인이 서로 배제하며 배타적인 삶을 살아가는 방식을 깨뜨리는 행동이었습니다.

당시 유대인이나 사마리아인에게 서로 '포용'이라는 것은 있을 수 없었습니다. 그것은 역사적 배경과 관계 있습니다. 주전 722년 북이스라엘의 호세아 왕 시절에 앗수르에 의해 멸망한 데 이어, 약 134년 후 주전 586년에는 남유다 시드기야 왕때에 앗수르를 폐하고 일어난 바벨론에 의해 패망하게 됩니다. 그래서 많은 사람이 포로로 잡혀 갔다가 3차에 걸쳐서 귀환하게 됩니다. 1차 포로 귀환은 주전 537년 스룹바벨에 의하여 이루어졌고, 이때 무너진 성전이 재건됩니다. 이 성전을 스룹바벨성전이라고 합니다. 이 당시 활동한 선지자가 학개와 스가랴입니다. 2차 포로 귀환은 주전 458년 학사 에스라의 주도하에 이루어집니다. 이때 율법에 따라 유일신 신앙을 확립하는 신앙 부흥 운동이 전개되었습니다. 3차 포로 귀환은 주전 444년 느헤미야가 인솔합니다. 예루살렘 총독으로 부임한 느헤미야는 무너진 예루살렘 성곽을 52일만에 재건합니다.

그런데 귀환한 유대인들이 북이스라엘의 사마리아 지역을 보니 남은 유대인들이 이방인들과 혼인하고 섞여 살고 있었습니다. 그래서 귀환한 유대인들은 남은 자들을 개처럼 취급했습니다. 지금 주님은 그 배제의 역사 속에 포용의 역사로 뒤집기를 시도하고 계신 것입니다. 왜 입니까? 우리 모두 하나님의 자녀이기 때문입니다. 사마리아 여인은 자신들의 동네에서도 배제된 여인이었습니다.

6절을 보세요! 이 여인이 물을 길러 나온 시간이 6시, 우리 시간으로 12시입니다. 태양이 작열하는 시간에 누가 물을 뜨러 옵니까? 이 여인은 다른 사람의 시선을 피하고 있었던 것입니다. 이 여인은 남편이 여섯 번째였습니다. 이 여인은 이미 다른 5명에 의해 배제된 삶, 배신 받은 삶을 살고 있었습니다. 그러니 이 여인의 삶 속에 타인을 향한 불신, 남성을 향한 불신이 얼마나 컸을지는 여러분의 상상에 맡기겠습니다. 자신의 사회에서 철저히 배제되고 배척된 인생을 살고 있었던, 외로움에 목마른 이 여인을 주께서 의도적으로 찾아가셨습니다.

내가 주는 물을 마시는 자는 영원히 목마르지 아니하리니 내가 주는 물은 그 속에서 영생하도록 솟아나는 샘물이 되리라(요 4:14).

예수님과 여인의 만남에서 물은 매우 중요한 매개체, 소통의 도구, 공감의 도구, 동행과 동역의 도구로 쓰임 받습니다. 물은 모든 생명체가 살아가는 데 필수적인 물질입니다. 물은 모든 곳에 필요하며 물은 모든 곳에 스며들어 생명을 소생케 합니다. 물은 무엇이든지 포용합니다. 물은 갈증을 해소시키며 더러움을 깨끗하게 씻어 냅니다. 그런데 이 여인은 육신의 물만 중요하다고 생각했지 영혼의 물은 알지 못했습니다. 자신의 갈증이 육신적인 것에만 있다고 생각했지 영적인 것은 생각지 못했습니다.

그렇지만 주님은 이 여인과의 만남 그리고 대화를 통해서 이 여인의 상처를 어루만지셨으며, 구원의 은총으로 상한 영혼을 회복시키셨으며 영원히 마르지 않는 깊은 은혜의 샘물을 부어 주셨습니다. 그러므로 은혜의 강물이 우리 가운데 흘러넘칠 때 배제의 시대에서 포용의 시대로 변화시킬 줄 믿습니다.

하나님은 인간이 죄를 범하고 하나님과의 관계를 깨뜨렸을 때 그 죄인 된 인간을 하나님의 사랑에서 배제하지 않으시고 오히려 영원히 추방하고 배제해야 할 인간을 예수 그리스도를 이 세상에 보내셔서 포용해 주셨습니다.

하나님께서 사람의 모양을 입으시고 사람의 형상으로 나타나신 것은 바로 하나님의 역사에서 우리를 배제하지 아니하시고 포용하시기 위함입니다. 그래서 그 하나님의 사랑은 그 아들 예수 그리스도를 골고다 언덕 위의 십자가로 부르셨습니다.

골고다 언덕 위에서 대제사장, 바리새인, 사두개인, 율법학자, 서기관, 로마의 군병들은 그렇게 이 땅에 오신 하나님을 배제하였지만 주님은 두 팔로 우리를 안아 주시며 포용의 길을 활짝 열어 주셨습니다.

그러므로 예수 그리스도를 따르는 사람은 배제의 방식이 아닌 포용의 방식으로 나아가야 합니다. 모든 그리스도인과 더불어 배제의 땅에서 포용의 길을 함께 열어 가시지 않겠습니까?